# CIDADANIA
# E
# GLOBALIZAÇÃO

# LISZT VIEIRA

# CIDADANIA E GLOBALIZAÇÃO

13ª edição

EDITORA RECORD
RIO DE JANEIRO • SÃO PAULO
2016

CIP-Brasil. Catalogação na fonte
Sindicato Nacional dos Editores de Livros, RJ.

V716c  Vieira, Liszt, 1939-
    Cidadania e globalização / Liszt Vieira. – 13ª ed.
13ª ed. – Rio de Janeiro: Record, 2016.

    Inclui bibliografia
    ISBN 978-85-01-04775-5

    1. Cidadania. 2. Estado. 3. Internacionalismo.
    4. Relações internacionais. I. Título.

                        CDD – 323.6
97-0156                 CDU – 323.2

Copyright © 1997 by Liszt Vieira

Capa:
Carolina Vaz

Todos os direitos reservados.
Proibida a reprodução, armazenamento ou transmissão
de partes deste livro, através de quaisquer meios,
sem prévia autorização por escrito.

Texto revisado segundo o novo Acordo Ortográfico da Língua Portuguesa.

Direitos exclusivos desta edição
adquiridos pela
EDITORA RECORD LTDA.
Rua Argentina 171 – Rio de Janeiro, RJ – 20921-380 – Tel.: (21) 2585-2000

Impresso no Brasil

ISBN 978-85-01-04775-5

Seja um leitor preferencial Record.
Cadastre-se e receba informações sobre nossos
lançamentos e nossas promoções.

EDITORA AFILIADA

Atendimento e venda direta ao leitor:
mdireto@record.com.br ou (21) 2585-2002.

*Nem Príncipe, Nem Mercador: Cidadão*

(Marc Nerfin)

*La frontière, c'est une invention des hommes. La nature s'en fout.*

(Últimas palavras do ator Jean Gabin, no filme
*A Grande Ilusão* de Jean Renoir)

# Sumário

*Apresentação* / 9
*Prefácio* / 11

**PARTE I — A INVENÇÃO DA CIDADANIA** / 15

1. DO DIREITO PRIMITIVO AO MODERNO:
   UMA RÁPIDA RESENHA / 15
2. DIREITO DE ESTADO E ESTADO DE DIREITO / 19
3. O QUE É CIDADANIA? / 22

   **Marshall e os Direitos de Cidadania** / 22
   **Outras Visões de Cidadania** / 23

4. A CRISE DA CIDADANIA MODERNA / 27
5. DIREITO E CIDADANIA ENTRE O MODERNO E O
   PÓS-MODERNO / 32

   **A Teoria Liberal** / 32
   **A Teoria Socialista** / 33
   **A Perspectiva Weberiana** / 34
   **Foucault e o Direito** / 34
   **Habermas e a Modernidade** / 36
   **A Visão Pós-Moderna** / 37

6. DIREITO, CIDADANIA E DEMOCRACIA / 38

# PARTE II — SOCIEDADE CIVIL: A TERCEIRA MARGEM DO RIO / 43

1. O RENASCIMENTO DO CONCEITO DE SOCIEDADE CIVIL / 44
2. RAÍZES TEÓRICAS / 48
3. RAÍZES HISTÓRICAS / 51
4. HABERMAS E O MUNDO DA VIDA / 54
5. DO MUNDO DA VIDA À SOCIEDADE CIVIL / 58
6. MOVIMENTOS SOCIAIS E GRUPOS DE INTERESSE / 61
7. A ESFERA PÚBLICA NÃO ESTATAL / 63
8. AS ORGANIZAÇÕES NÃO GOVERNAMENTAIS / 66

# PARTE III — OS (DES)CAMINHOS DA GLOBALIZAÇÃO / 69

1. O QUE É GLOBALIZAÇÃO? / 72
2. CINCO DIMENSÕES DA GLOBALIZAÇÃO / 80

   **Econômica** / 80
   **Política** / 84
   **Social** / 87
   **Ambiental** / 92
   **Cultural** / 97

3. OS RISCOS PARA O PLANETA / 100
4. OS EFEITOS POSITIVOS / 103
5. O DECLÍNIO DOS ESTADOS NACIONAIS / 105
6. RUMO À SOCIEDADE CIVIL GLOBAL / 110

   **A Esfera Pública Transnacional** / 111
   **Os Movimentos Sociais** / 113

7. AS ORGANIZAÇÕES NÃO GOVERNAMENTAIS NO ESPAÇO GLOBAL / 115
8. GOVERNABILIDADE GLOBAL E CIDADANIA PLANETÁRIA / 120
9. O DESENVOLVIMENTO SUSTENTÁVEL / 126

*Conclusão* / 133
*Referências Bibliográficas* / 139

# Apresentação

*Things fall apart; the centre cannot hold* (W.B. Yeats)

Este livro busca articular três conceitos que costumam andar separados — cidadania, sociedade civil e globalização — e deságua na noção de sociedade civil global e de uma emergente cidadania planetária como implicação necessária do processo de globalização.

A primeira parte focaliza a noção de cidadania, à luz das principais teorias do direito e da democracia na Modernidade. A segunda parte analisa, do ponto de vista teórico e histórico, o paradigma da sociedade civil, como conceito autônomo e independente do Estado e do Mercado, redefinindo a visão tradicional de espaço público.

A terceira parte analisa, a partir da perspectiva da sociedade civil, a globalização como processo complexo, contraditório e multidimensional. Como a globalização é apresentada, em geral, de forma maniqueísta — à direita, como panaceia econômica e única via possível de desenvolvimento e, à esquerda, como monstro diabólico sucedâneo do imperialismo *yankee* — procuramos aqui criticá-la com serenidade e firmeza, abordando os principais aspectos desse caleidoscópico fenômeno contemporâneo.

Assim, selecionei cinco dimensões fundamentais — econômico-financeira, política, social, cultural e ambiental — cuja compreensão é imprescindível para a análise das novas questões relativas à governabilidade global, face à tendência ao declínio do Estado nacional e à emergência de uma sociedade civil global.

A mudança de padrões longamente estabelecidos assusta sempre os conservadores, temerosos da anarquia. Quando, porém, *as coisas desmoronam e o centro não se sustenta,* é bom lembrar que, como disse, certa vez, Tocqueville, a anarquia não é o maior dos males que uma democracia deve temer, mas o menor.

Dedico este livro àqueles que, insubmissos à iniquidade e ao despotismo, perseveraram. Que sirvam de exemplo a meus filhos Beatriz, Elisa e Ivan.

O AUTOR

# Prefácio

*Cidadania e globalização* de Liszt Vieira reconstitui a gênese histórico-conceitual que lhe permite articular a sociedade do direito e o mundo anárquico dos mercados transnacionais: "a globalização", escreve, "rompe as fronteiras nacionais, acaba com a divisão interno/externo. A cultura mundializada se internaliza dentro de nós. O espaço local 'desencaixado' aproxima o que é distante e afasta o que é próximo, isto é, o local é influenciado pelo global ao mesmo tempo que o influencia" (p.71).

Da filosofia grega antiga, este ideário, atravessado por mutações, chega até nós. Diógenes, o cínico (séc. V e IV a.C.) concebeu um mundo sem fronteiras — convenções estas que separam os homens e os isolam; que produzem as guerras — essa *hybris* das paixões, em virtude das quais indivíduos ora se entrematam, ora se conferem medalhas. Experiência do absurdo e da vanidade, o "cidadão do mundo" nasce de um generoso cosmopolitismo apátrida que une homens, seres expostos, vulneráveis, mortais. Também o humanismo da Renascença endossava esta "unidade da natureza", recepcionando-a, agora, pelo enlaçamento de todos os existentes do Universo pela "alma do mundo". Nesse horizonte, inscreve-se também o humanismo internacionalista que esperava do proletariado mundial a emancipação do gênero humano; herói libertador dos avatares da exploração e da dominação; proletariado cuja ação criadora reuniria poesia e revolução rumo a futuros radiosos — dissolvendo barreiras entre os homens e fronteiras das nações. Um princípio de reciprocidade ente culturas diferentes esperava "uma harmonização do diverso e até oposto". Humanismo (renascentista) e iluminismo (marxista) possuíam uma determinada interpretação do homem e da sociedade — a partir da qual procuravam formar o homem para o aperfeiçoamento de si mesmo, de seus talentos e habilidades e para a concórdia na cidade.

Figuras perversas do internacionalismo e do humanismo encontram-se na globalização econômica, cultural e espiritual: crise econômica, social, ecológica, determinação de todas as esferas da vida por valores exclusivamente econômicos; desconstrução de instituições públicas e privadas, bem como da "moral democrática"; pressões migratórias em todos os continentes; recrudescimento das lutas religiosas, étnicas. Que se mencione, ainda, novas formas de fetichismo: este migra da produção e circulação das mercadorias — valor de troca — para o "valor de exposição" — não é mais a mercadoria, mas sua imagem publicitária, que vem incorporar "sutilezas teológicas".

Nesse horizonte, a presente publicação fala da urgência e da emergência de um novo direito internacional que se contraponha ao genocídio macroeconômico, procurando redefinir sociedade civil, espaço público, Estado e mercado: "(estes) vão exigir uma nova institucionalidade política global, um sistema global de 'governance' onde os agentes da sociedade civil provavelmente discutirão lado a lado com as corporações multinacionais e os Estados. Enquanto os últimos representam os interesses econômicos e políticos, os primeiros expressarão o interesse público da cidadania.

Liszt não deixa também de notar a assimetria do que se convencionou chamar de competitividade. Os países e grupos a quem interessa a globalização econômica, e aqueles a

CIDADANIA E GLOBALIZAÇÃO

ela coagidos, não dialogam segundo o mesmo poder econômico, científico, tecnológico e ético. Considere-se, em particular, a indústria da comunicação — para não falar do controle global sobre o homem, de que é portadora a engenharia genética. Essa indústria procura criar a "nova ordem mundial", transformando valores tradicionais da intersubjetividade, da democracia e da consciência autônoma: "a globalização", anota o autor, "redimensionou as noções de espaço e tempo. Em segundos, notícias dão a volta ao mundo, capitais entram e saem de um país por transferências eletrônicas, novos produtos são fabricados ao mesmo tempo em muitos países e em nenhum deles isoladamente. Fenômenos globais influenciam fatos e locais e vice-versa". Sim, mas talvez não na mesma medida nem na mesma direção. Essa nova forma de "aculturação", como toda aculturação, pode ser coercitiva ou voluntária, dirigida ou espontânea, imitativa ou intimidativa. Razão pela qual Liszt procura um pensamento apto a contrarrestar o *laissez-faire* econômico e cultural que deixa à força das coisas a gestão dos conflitos e necessidades sociais: "nessa perspectiva", anota, "o processo de globalização teria um impacto diferenciador que poderia levar à valorização das identidades particulares da comunidade à nação. A diferenciação nacional, isto é, a diversidade cultural entre as nações, seria a outra face da constituição de uma sociedade mundial". Contrapondo-se às "democracias midiáticas", Liszt indica a necessidade de descobrir sob a desordem os novos sentidos das coisas. A dinâmica das mutações culturais e econômicas interromperia a predominância de universalismos disciplinares e intolerantes.

Oportuno, este livro se constitui como uma abertura em contrapartida à globalização padronizadora que tende a colonizar nosso próprio mundo interno e a uniformizar os sonhos coletivos. Se hoje rompem-se até mesmo os limites antropológicos do pensamento ocidental, fundado este no sujeito de direitos, na liberdade de pensamento e no indivíduo autônomo; se além da destituição do Estado de direito perde-se mais do que os direitos, desaparecendo, de maneira mais essencial, a própria noção de direito a ter direitos; se, no dizer de Bourdieu, estão sendo destruídas mais do que conquistas trabalhistas mas toda uma civilização associada ao serviço público e à igualdade republicana dos direitos — *Cidadania e globalização* faz meditar sobre diversos aspectos do presente: a desintegração da URSS e a do Leste Europeu, como uma epifania às avessas, deram a conhecer a verdade da globalização. Eis por que este processo — revogável e reversível — requer novas formas de cidadania e, por que não, de "heroísmo". Heroísmo, mas num sentido preciso, aquele de que fala Maurice Merleau-Ponty: "os santos do cristianismo, os heróis das revoluções passadas (...) procuravam crer que seu combate já estava ganho no céu ou na História. (O herói de hoje), sem recurso à transcendência mítica ou teológica, é o próprio homem". Para Liszt, ao contrário do que pensam alguns, não vivemos "o fim da História". Talvez esta ande à deriva em busca de novos significados. Ingressando no coração mesmo do presente, Liszt delineia novas tarefas, revelando que às contingências do futuro corresponde, ainda, a experiência do pensamento e da ação, isto é, a liberdade do homem.

*Olgária Chain Féres Matos*

# Parte I

# A INVENÇÃO DA CIDADANIA

*You don't need a weatherman to tell which way the wind blows.*

(Frase de uma canção de Bob Dylan, lema nos anos 60 da organização política norte-americana Weatherman)

*O homem não teria atingido o possível, se não houvesse sempre tentado alcançar o impossível.*

(Max Weber)

## 1 — DO DIREITO PRIMITIVO AO MODERNO: UMA RÁPIDA RESENHA

Nas sociedades primitivas, encontramos um direito carismático revelado pelos profetas que interpretavam a vontade de Deus, ou dos Deuses, e dos heróis míticos fundadores. No direito revelado das sociedades primitivas, não existe ainda o conceito de normas objetivas, isto é, não existe uma lei objetiva independente das ações. As ações e normas são interligadas. O que predomina são os usos e costumes; a ação não está ainda orientada para deveres legais reconhecidos como coercitivos. Isto somente ocorrerá na transição para o direito tradicional.

No direito tradicional, a lei é imposta por poderes seculares ou teocráticos. As normas são tomadas como dadas, como convenções transmitidas pela tradição. As ações são julgadas à luz de normas legais tradicionais. O direito tradicional, evidentemente, permanece particularista: não está ainda baseado em princípios legais universalistas. Isto será alcançado pelo direito natural, ao admitir que os princípios podem ser encontrados racionalmente.

O direito natural inaugura o Direito Moderno baseado em princípios, na lei e na administração especializada da justiça. As normas são promulgadas segundo princípios estabelecidos livremente por acordos racionais. Não se trata mais de interpretar ou reconhecer tradições, mas de expressar a vontade de um poder legisferante soberano que regula as relações sociais com meios jurídicos.

A passagem do consenso tradicional para o consenso racional da Modernidade é operada pelo Direito Natural com base no Contrato Social, mediante o qual indivíduos, em princípio livres e iguais, estabelecem por contrato um determinado modelo de elaboração e justificação das normas legais. Nos termos de Max Weber, a validade baseada no consenso tradicional é substituída pela validade fundada no consenso racional. Temos, assim, configurada a passagem do formalismo mágico para o formalismo lógico, correspondendo aos três tipos ideais de legitimidade, segundo Weber: carismática, tradicional e racional-legal (Weber, 1964).

O paradigma do Direito Natural que acompanhou a Modernidade foi a base doutrinária das revoluções burguesas baseadas no individualismo moderno. O Jusnaturalismo

CIDADANIA E GLOBALIZAÇÃO

foi, sem dúvida, a doutrina jurídica por detrás dos direitos do homem proclamados pelas Revoluções Francesa e Americana. O ser humano passava a ser visto como portador de direitos universais que antecediam a instituição do Estado. Nos regimes absolutistas, os direitos do indivíduo eram concebidos como dádiva do soberano em face do direito divino dos reis. O Estado Leviatã foi defendido por Hobbes como a única maneira de evitar a anarquia social, pois "o homem é o lobo do homem". O jusnaturalismo teve assim uma dimensão histórica de fundamental importância ao fornecer o substrato jurídico para as revoluções burguesas. Antes do Estado, teria existido um estado de natureza onde os homens eram livres e iguais. Os indivíduos decidem livremente, pelo Contrato Social, instituir o Estado, que passa a representar a vontade geral e o bem comum, na conhecida formulação de Rousseau.

Mas muito além de sua dimensão histórica, a doutrina do Direito Natural seria um paradigma constituído pelos elementos de universalidade, imutabilidade, intemporalidade e acessibilidade pela razão, intuição ou revelação, com a função de qualificar como justa ou injusta uma conduta, vinculando, assim, norma e valor, direito e moral (Lafer, 1991).

Com efeito, já Aristóteles distinguia entre lei particular, que cada povo dava a si mesmo, e lei comum, aquela conforme à Natureza. E cita, na *Retórica*, a famosa passagem da Antígona de Sófocles, quando ela, desafiando Creonte e a lei particular dos homens, afirma que é justo enterrar seu irmão Polinice, invocando as imutáveis e eternas leis do Céu, que não nasceram hoje nem ontem, não morrem nunca e ninguém sabe de onde provieram.

A crença numa lei comum a todos que transcende a lei particular de uma comunidade política atravessou os séculos. O Direito Natural seria superior ao Direito Positivo; enquanto este último se caracterizaria pelo particularismo de sua localização no espaço e no tempo, o primeiro constituiria um padrão geral com validade universal.

O jusnaturalismo moderno, elaborado nos séculos XVII

e XVIII, reflete o deslocamento do objeto do pensamento da natureza para o homem, característico da Modernidade. O Direito Natural, como direito da razão, é a fonte de todo o direito. Direitos inatos, estado de natureza e contrato social foram os conceitos que permitiram elaborar uma doutrina do Direito e do Estado a partir da concepção individualista da sociedade e da História, característica do mundo moderno e que encontrou seu apogeu no Iluminismo.

A afirmação de um direito racional universalmente válido levou à necessidade de codificação, de organização de um saber lógico, e à corporificação do Direito como sistema. A codificação, como bem observou Celso Lafer, acabou por constituir-se em ponte involuntária entre o jusnaturalismo e o positivismo jurídico. A visão jusnaturalista de um direito racional e sistemático acabou sendo substituída pela ideia de que não há outro Direito fora do Código e da Constituição. O fundamento do Direito deixou de ser buscado na Razão e passou a ser a vontade do legislador (Lafer, 1991). O Direito se separa da Moral, e o crime, da falta moral ou religiosa.

A identificação positivista do Direito e Poder está na base da constituição do Estado Moderno. Para Hobbes, a fonte da lei é o poder e não a sabedoria. Hobbes é um positivista *avant la lettre*, pois está no quadro do jusnaturalismo. O Direito se torna um instrumento de gestão governamental, criado ou reconhecido pelo Estado soberano, e não pela razão individual ou pela prática da sociedade. O Direito sofre a influência do processo de secularização, sistematização, positivação e historicização (Lafer, 1991). Agora o Direito é produto da História, e não mais da Razão.

No século XIX, o positivismo considera o Estado como fonte central de todo o Direito, e a lei como sua única expressão, formando um sistema fechado e formalmente coerente — a Dogmática Jurídica —, que afasta do jurídico as indagações de natureza social, econômica ou política. É a fonte da teoria pura do Direito de Kelsen, onde o jurídico é definido pela sua pura forma, e não pelos conteúdos e valores contidos em suas normas. Ao subordinar o Direito à Ordem, o positivismo dissimula que, numa sociedade dividida em estratos sociais diferenciados, a Ordem pode ser sinônimo de violência, pois representa interesses concretos, geralmente de grupos ou classes dominantes, expressando na realidade controle social, dominação política, exclusão cultural, coerção e sujeição ideológica. O advento do nazismo e do fascismo, nos anos 30, provocou uma reação crítica que abalou o predomínio do positivismo jurídico: haveria direitos independentes dos Estados, *moral rights* além de *legal rights*.

O jusnaturalismo concebia o Direito a partir de um paradigma ideal, fixo e imutável, fora do movimento social, escamoteando os valores que representava. O positivismo, por sua vez, igualmente dissimilou os interesses que se ocultavam por detrás de sua retórica de exaltação à razão e à ciência. "A crença na positividade do dado e a confiança na imobilidade da ideia fazem com que o positivista e o jusnaturalista percam o movimento pelo qual os dados se cristalizam em conceitos, e as ideias em instituições" (Chauí, 1995).

## 2 — DIREITO DE ESTADO E ESTADO DE DIREITO

A tese do contrato social como explicação lógica da origem do Estado e do Direito teve ampla repercussão nos séculos XVII e XVIII. A ideia de que os homens podem organizar o Estado e a sociedade de acordo com sua vontade e razão, desconsiderando a tradição e os costumes, foi uma das grandes bandeiras do Iluminismo. O princípio da legitimidade dinástica foi substituído pelo princípio da soberania popular, de origem contratualista.

Haveria um contratualismo vertical em Hobbes, porque instaurador do poder do *Leviatã*, e um de tipo horizontal em Locke, porque criador de uma *societas* entre indivíduos (Arendt, 1973). A passagem do Estado absolutista para o Estado de Direito encontraria fundamento na teoria política de Locke e nos princípios que tutelam os direitos fundamentais do homem nas constituições modernas. Tratar-se-ia de estabelecer limites ao poder do todo. O contrato social deixa de ser apenas uma teoria sobre a origem hipotética do Estado para integrar sua história através do poder constituinte originário.

Uma visão democrática do Estado de Direito teria forçosamente de reconhecer uma perspectiva *ex parte populi* ao lado de uma perspectiva *ex parte principis*. Enquanto esta última cuida da governabilidade, a primeira se preocupa com a liberdade (Arendt, 1973). Esta dicotomia entre Estado e Indivíduo, público e privado, universal e particular, atormenta os pensadores e divide os homens. Na Modernidade, a Declaração dos Direitos do Homem da Revolução Francesa foi vista como abstrata demais pelos conservadores, e excessivamente ligada aos interesses de uma classe particular, a burguesia, por Marx e seus seguidores.

A dicotomia universal-particular expressa no conflito Estado x Indivíduo do período moderno encontra suas raízes na filosofia medieval. De um lado, a escolástica de Tomás de Aquino retoma a tradição aristotélica ao subordinar o particular ao universal concebido idealmente como um todo. De outro, a concepção nominalista de Guilherme de Occam substitui a preocupação aristotélica com o geral pelas substâncias individuais. Só são reais os seres singulares designados por nomes próprios. Os universais não têm existência real, pois o mundo não é um cosmo ordenado, mas um agregado de individualidades isoladas que são a base da realidade.

O individualismo e o pragmatismo da cultura anglo-saxã derivariam da tradição nominalista, enquanto nos países latinos, sobretudo na cultura ibérica, teria prevalecido a tradição neoescolástica que suavizou o individualismo moderno, temperando-o com a ênfase no público, no Estado, no todo, em lugar do privado, do indivíduo, do particular. O individualismo moderno foi aqui combinado com os princípios universais da escolástica. O "iberismo" teria gerado uma cidadania passiva, de obediência ao Estado, que, como representante da vontade geral, tem a função harmoniosa de promover o bem comum e administrar a justiça. O Estado hobbesiano como mal necessário para superar o *homo homini lupus* é rejeitado em favor da concepção rousseauniana de Contrato Social (Morse, 1988).

Invertendo a relação tradicional de direitos dos governantes e deveres dos súditos, agora o indivíduo tem direitos, e o governo obriga-se a garanti-los. A concepção jusnaturalista dos direitos do homem consubstanciada na Declaração de Virgínia (1776) e na Declaração Francesa (1789) terminou por se incorporar, no século XX, ao artigo primeiro da Declaração Universal dos Direitos do Homem da ONU, de 1948: "Todos os homens nascem livres e iguais em dignidade e direitos." Mas, como observou Hanna Arendt, os homens não nascem iguais, tornam-se iguais como membros de uma coletividade em virtude de uma decisão conjunta que garante a todos direitos iguais. A igualdade não é um dado, é um construído, elaborado convencionalmente pela ação dos homens, enquanto cidadãos, na comunidade política (Arendt, *apud* Lafer, 1991).

É com o nascimento do Estado de Direito que o ponto de vista do príncipe se transforma em ponto de vista do cidadão. "No Estado despótico, o indivíduo só tem deveres, e não direitos. No Estado absoluto, os indivíduos possuem, em relação ao soberano, direitos privados. No Estado de Direito, o indivíduo tem não só direitos privados, mas também direitos públicos. O Estado de Direito é o Estado de cidadãos" (Bobbio, 1992).

# 3 — O QUE É CIDADANIA?

## Marshall e os Direitos de Cidadania

A cidadania tem assumido historicamente várias formas em função dos diferentes contextos culturais. O conceito de cidadania, enquanto direito a ter direitos, tem se prestado a diversas interpretações. Entre elas, tornou-se clássica a concepção de T.H. Marshall, que, analisando o caso inglês e sem pretensão de universalidade, generalizou a noção de cidadania e de seus elementos constitutivos (Marshall, 1967).

A cidadania seria composta dos direitos civis e políticos — direitos de primeira geração —, e dos direitos sociais — direitos de segunda geração. Os direitos civis, conquistados no século XVIII, correspondem aos direitos individuais de liberdade, igualdade, propriedade, de ir e vir, direito à vida, segurança etc. São os direitos que embasam a concepção liberal clássica. Já os direitos políticos, alcançados no século XIX, dizem respeito à liberdade de associação e reunião, de organização política e sindical, à participação política e eleitoral, ao sufrágio universal etc. São também chamados direitos individuais exercidos coletivamente, e acabaram se incorporando à tradição liberal.

Os direitos de segunda geração, os direitos sociais, econômicos ou de crédito, foram conquistados no século XX a partir das lutas do movimento operário e sindical. São os direitos ao trabalho, saúde, educação, aposentadoria, seguro-desemprego, enfim, a garantia de acesso aos meios de vida e bem-estar social. Tais direitos tornam reais os direitos formais.

No que se refere à relação entre direitos de cidadania e o Estado, existiria uma tensão interna entre os diversos direitos que compõem o conceito de cidadania (liberdade x igualdade). Enquanto os direitos de primeira geração — civis e políticos — exigiriam, para sua plena realização, um Estado mínimo, os direitos de segunda geração — direitos sociais

CIDADANIA E GLOBALIZAÇÃO    23

— demandariam uma presença mais forte do Estado para serem realizados. Assim, a tese atual de Estado mínimo — patrocinada pelo neoliberalismo, que parece haver predominado sobre a social-democracia nesta década — corresponde não a uma discussão meramente quantitativa, mas a estratégias diferenciadas dos diversos direitos que compõem o conceito de cidadania e dos atores sociais respectivos.

Na segunda metade do nosso século, surgiram os chamados "direitos de terceira geração". Trata-se dos direitos que têm como titular não o indivíduo, mas grupos humanos como o povo, a nação, coletividades étnicas ou a própria humanidade. É o caso do direito à autodeterminação dos povos, direito ao desenvolvimento, direito à paz, direito ao meio ambiente etc. Na perspectiva dos "novos movimentos sociais", direitos de terceira geração seriam os relativos aos interesses difusos, como direito ao meio ambiente e direito do consumidor, além dos direitos das mulheres, das crianças, das minorias étnicas, dos jovens, anciãos etc. Já se fala hoje de "direitos de quarta geração", relativos à bioética, para impedir a destruição da vida e regular a criação de novas formas de vida em laboratório pela engenharia genética.

## Outras Visões de Cidadania

A concepção de cidadania de Marshall prestou-se a inúmeras críticas, desde as que excluíram os direitos sociais nela contidos, por não serem direitos naturais e sim históricos (Cranston, 1983), até os que classificaram a cidadania em *passiva*, a partir "de cima", via Estado, e *ativa*, a partir "de baixo", de instituições locais autônomas. Haveria, assim, uma cidadania conservadora — passiva e privada —, e uma outra revolucionária — ativa e pública (Turner, 1990).

Com efeito, para Cranston, os direitos naturais não estariam vinculados a coletividades nacionais, haveria que desvincular cidadania de nação. Os direitos naturais seriam limitados a liberdade, segurança e propriedade; ou seja, os direitos humanos que escapariam à regulamentação positiva por constituírem princípios universais. Os direitos sociais, assim, não seriam considerados direitos naturais, como entendeu a ONU ao incluí-los no elenco de direitos humanos.

Por outro lado, Turner acusou Marshall de evolucionista e etnocentrista, enquanto M. Roche classificou a concepção de Marshall de a-política. Ambos discordam da leitura de Marshall do caso inglês e refutam a colocação dos direitos civis no começo: o Bill of Rights seria fruto de um processo político, de uma luta política pelas liberdades individuais. Assim, uma ação política precedeu o reconhecimento dos direitos civis implantados pela Revolução (Roche, 1987). Além disso, Marshall teria ignorado a crítica à "cultura de súditos", pois o inglês seria mais súdito do que cidadão, bem como a crítica ao imperialismo inglês, que desprezou os direitos civis nas colônias inglesas.

A Religião foi um fator importante para favorecer ou obstaculizar o desenvolvimento da cidadania. A versão calvinista do protestantismo reforçou o individualismo e favoreceu a cidadania, colocando ênfase na sociedade, e não no Estado. Já o protestantismo luterano na Alemanha foi diferente do calvinismo holandês. A religião é escolhida pelo Príncipe para o povo: Lutero reforça a obediência ao Estado. O alemão é primeiro alemão, depois cidadão, ao contrário do francês, que é primeiro cidadão, depois francês (Hermet, 1991). Seguindo uma linha agostiniana de inspiração platônica, Lutero se afasta da política, pois a cidade dos homens é má. Daí a aceitação da autoridade e o forte senso de nacionalismo. Segundo Norberto Elias, a identidade alemã se constrói na Universidade contra a Corte, ao contrário da França.

A tradição católica, por outro lado, teria trazido fraco senso de identidade, ao contrário do calvinismo, com sua proliferação de seitas. A Igreja favoreceu as monarquias na sua luta contra o Sacro-Império. E, do século XVI ao XVIII, apoiou as monarquias absolutas católicas para opor-se ao progresso da Reforma protestante, contribuindo para a clivagem que iria mais tarde opor a cidadania latina referida ao Estado à cidadania calvinista de costas para ele. O catolicismo, assim, reforçou o Estado Central (Hermet, 1991).

Já Richard Morse parece discordar: a tradição católica favoreceria o espírito público e a cidadania. O iberismo fortaleceu a cultura política e o espírito público, o que poderia constituir uma "vantagem do atraso". Contrapondo-se ao individualismo e ao contratualismo da cultura anglo-saxã, na cultura ibérica predominaria o todo sobre o indivíduo, fruto da visão tomista do Estado como promotor do bem comum (Morse, 1988). Mas, levada ao extremo, essa visão produziu uma concepção de política como assalto ao Estado, sem controle da sociedade. O iberismo se preocuparia mais com o Estado do que com o cidadão, reduzido à posição de colaborador obediente. A liberdade, no iberismo, correria o risco de reduzir-se à obediência ao Estado.

Morse parece aproximar-se da tradição cívica, que é muito diferente da tradição civil da Modernidade, com o Estado garantindo os direitos individuais. A tradição cívica coloca-se mais do ponto de vista do Estado do que do cidadão. Levada ao extremo, como em Esparta, a virtude do civismo chega a negar os direitos individuais. A atitude contemporânea que parece prevalecer é a busca de uma estratégia para combinar o *civil* — direitos individuais — e o *cívico* — deveres para com o Estado, responsável pelo bem público. A combinação da "liberdade dos antigos" — participação política do homem público — com a "liberdade dos modernos" — direitos individuais do homem privado, para usar a expressão de Benjamin Constant.

Mas para isso parece ser necessária a presença anterior de um elemento aglutinador: o sentimento de comunidade, de identidade coletiva, que seria, nos antigos, pertencer a uma cidade, e nos modernos, a uma nação. A construção de uma cidadania plena exige um sábio equilíbrio entre os dois espaços — o público e o privado —, pois o predomínio excessivo de um polo pode inviabilizar o outro (Carvalho, 1989). Em outras palavras, tratar-se-ia de buscar a integração da solidariedade familiar, existente no espaço doméstico, com as regras impessoais, racionais, das instituições públicas. Enfim, de levar a *casa* para a *rua* (Matta, 1988).

Outra interessante abordagem propõe o conceito de "cidadania para si" (Leca, 1986), muitas vezes apresentado sob o termo "civismo", que seria composto de três traços principais. O primeiro seria a inteligibilidade do mundo político pelo cidadão, o segundo, a empatia enquanto capacidade de colocar-se no lugar de outros cidadãos para apreender seus interesses e justificações; e o terceiro, a civilidade que se refere ao reconhecimento interindividual, possuindo um caráter mais "civil", enquanto a empatia, por referir-se à escolha coletiva, apresenta um caráter mais "cívico".

Esses elementos se combinariam de maneira instável e contraditória, ou complementar, deslocando-se em diferentes eixos. Enquanto sentimento de *pertencer*, a cidadania se deslocaria sobre três eixos: um eixo particular-geral, exprimindo orientação para um grupo global (comunidade política, classe, Igreja etc.); um eixo comunidade-sociedade, indicando grupos primários (família) ou grupos mais contratuais a nível de mercado; e um eixo de cima para baixo, indicando integração em comunidades locais, regionais ou nacionais.

Por outro lado, enquanto sentimento de *engajamento*, a cidadania se deslocaria também sobre três eixos: o eixo público-privado, indo do puro "cívico"(dar a vida pela pátria) ao puro "civil" (cuidar da família e dos amigos); o eixo conformidade-autonomia, indo do conformismo ao individualismo; e o eixo reivindicação de direitos-reconhecimento de obrigações. Teríamos ainda tipos opostos de cidadania: a cidadania militante x cidadania civil, e a cidadania participante x cidadania privada (Leca, 1986).

Recorde-se que o termo "civilidade" adotado por Jean Leca foi empregado por Shills num sentido ao mesmo tempo individualista, paroquial e holista, fazendo uma ponte entre socieda-

CIDADANIA E GLOBALIZAÇÃO 27

de civil e Estado. É uma tentativa de explicar o paradoxo da construção da cidadania numa sociedade dominada por valores individuais. Civilidade é a atitude individual de preocupação com o bem público, transmite a ideia de espírito público que se perdeu na sociedade de mercado. Aproxima-se do que Montesquieu chamou de virtude: amor à República e à Democracia. Civilidade, em suma, é a conduta de uma pessoa cuja autoconsciência individual está parcialmente sobredeterminada por sua autoconsciência coletiva, sendo os referentes desta última a sociedade como um todo e as instituições da sociedade civil. A sociedade civil é aqui concebida não apenas como mercado, mas como o espaço além da família e da localidade e aquém do Estado, significando ainda boas maneiras com os amigos e tolerância com os inimigos (Shills, 1991).

## 4 — A CRISE DA CIDADANIA MODERNA

A República Moderna não inventou o conceito de cidadania, que, na verdade, se origina na República Antiga. A cidadania em Roma, por exemplo, é um estatuto unitário pelo qual todos os cidadãos são iguais em direitos. Direito de estado civil, de residência, de sufrágio, de matrimônio, de herança, de acesso à justiça, enfim, todos os direitos individuais que permitem acesso ao direito civil. Ser cidadão é, portanto, ser membro de pleno direito da cidade, seus direitos civis são plenamente direitos individuais.

Mas ser cidadão é também ter acesso à decisão política, ser um possível governante, um homem político. Ele tem direito não apenas a eleger representantes, mas a participar diretamente na condução dos negócios da cidade. É verdade que em Roma nunca houve um regime verdadeiramente democrático. Mas na Grécia os cidadãos atenienses participavam das assembleias do povo, tinham plena liberdade de palavra e votavam as leis que governavam a cidade — a *polis* —, tomando decisões políticas.

É verdade também que estavam excluídos da cidadania os estrangeiros, as mulheres e os escravos. Estes últimos estavam fora da proteção do direito, não eram nada. Na Antiguidade, o Homem era um ser sem direitos, por oposição ao cidadão. Na era moderna, o Homem é sujeito de direitos não apenas como cidadão, mas também como homem.

São esses dois elementos, a igualdade dos cidadãos e o acesso ao poder, que fundam a cidadania antiga e a diferenciam da cidadania moderna.

O retorno ao ideal republicano da Antiguidade promovido pelo Renascimento preparou o caminho para o advento da cidadania moderna no século XVIII, durante as Revoluções Americana (1776) e Francesa (1789). A construção da cidadania moderna teve que enfrentar três problemas que irão diferenciá-la da cidadania antiga.

O primeiro é a edificação do Estado, a separação das instituições políticas e da sociedade civil no interior de territórios mais vastos, com população muito mais numerosa do que a das repúblicas antigas. Lembremo-nos de que na Atenas dos séculos V e IV a.C. o número de cidadãos oscilava entre 30.000 e 60.000.

O segundo problema é o regime de governo. O ideal republicano retomado pelo Renascimento é inseparável da isonomia e da igualdade. Ele só se realiza em governos democráticos ou em governos mistos, onde existe um certo arranjo entre a aristocracia e a democracia, como ocorreu nas cidades gregas e romanas. Ora, o ideal republicano da Modernidade foi retomado em meio a sociedades que, em sua maioria, possuíam governos monárquicos e aristocráticos.

O terceiro problema é que a sociedade pagã, politeísta e escravagista da Antiguidade nunca inscreveu o Homem no direito: os direitos humanos são inexistentes. A escravidão é incompatível com os princípios cristãos da dignidade igual dos homens perante Deus e com os direitos do homem que surgiram no século XVIII no bojo das Revoluções Americana e Francesa.

Essas três questões — do Estado, do Governo e do Homem — vão obrigar os modernos a redefinir a cidadania (Herzog *et alii*, 1995). Em face da incompatibilidade de princípios entre monarquia absoluta e cidadania, a ideia republicana de cidadania se inspirou na democracia grega e na república romana, buscando a liberdade civil dos antigos: liberdade de opinião, de associação e também de decisão política.

O pensador francês Rousseau propõe o deslocamento da soberania, que estava depositada nas mãos do monarca, para o direito do povo, mudando o conceito de vontade singular do príncipe para o de vontade geral do povo. No sistema de contrato social imaginado por Rousseau, não há lugar para a democracia indireta, para a representação e delegação de poderes. A soberania é a vontade geral, e a vontade não se representa. Essa ideia pode ser encontrada intacta na corrente jacobina da Revolução Francesa.

Se em Roma o escravo é o homem sem direitos por oposição ao cidadão, na República Moderna os direitos civis são reconhecidos a todos, são direitos naturais e sagrados do homem. Conforme consagrado na Declaração dos Direitos do Homem da Revolução Francesa, todos os homens nascem livres e iguais em dignidade e direitos. Daí irradiaram as liberdades civis de consciência, de expressão, opinião e associação, bem como o direito à igualdade e o direito de propriedade que está na base da moderna economia de mercado.

O princípio da cidadania moderna fundado sobre a ideia de humanidade enfrentou muitas dificuldades de aplicação. A primeira se refere ao tamanho das repúblicas modernas, que impede o exercício direto do poder pelo cidadão. O Estado se destaca da sociedade civil, o poder não pode mais ser exercido por todos. Para evitar o despotismo, o princípio republicano consagra a ideia do controle popular pelo sufrágio universal, inspirando-se na visão de soberania popular defendida por Rousseau.

Pela doutrina da representação fundada sobre a soberania popular, a origem e o fim de toda a soberania se encontram no povo. O cidadão não pode mais exercer em pessoa o poder, mas escolhe por seu voto seus representantes. Este princípio, embora se tenha universalizado, experimentou períodos de exceção.

Uma das exceções mais conhecidas é a chamada democracia censitária, reservada aos proprietários. O escritor francês Benjamin Constant afirmava em 1815 que somente o lazer, assegurado pela propriedade, permitia adquirir sabedoria. Segundo ele, "somente a propriedade torna os homens capazes do exercício do direito político".

Ou seja, a classe trabalhadora podia morrer pela pátria, mas não podia oferecer seus homens para a representação política, que, para ele, deveria basear-se não na consciência ou dignidade, mas no critério antidemocrático da competência. Benjamin Constant opunha a "liberdade dos antigos", fundada nos direitos políticos da cidadania, à "liberdade dos modernos", que, segundo ele, se explicaria pelos direitos civis do indivíduo. Essa oposição entre cidadão e indivíduo acabou permeando as concepções do liberalismo político moderno (Herzog *et alii*, 1995).

Outra dificuldade na aplicação da cidadania moderna diz respeito ao conceito de homem e sua natureza. A república moderna custou muito a admitir que a pessoa humana é dupla, compreende o homem e a mulher. De um modo geral, foi somente no século XX que o sufrágio universal se estendeu às mulheres.

Em relação à cidadania antiga, a cidadania moderna sofreu uma dupla transformação. Por baixo, ampliou-se e estendeu-se ao conjunto dos membros de uma mesma Nação. Por cima, contudo, estreitou-se, pois a decisão política foi transferida aos eleitos e representantes.

Outro elemento importante para a compreensão da cidadania é o princípio contemporâneo das nacionalidades, que, tal como se desenvolveu nos séculos XVIII e XIX, re-

CIDADANIA E GLOBALIZAÇÃO 31

modelou a definição de cidadania. Pelo princípio do direito dos povos, a soberania é atributo da Nação, do povo, e não do príncipe ou monarca. O princípio das nacionalidades lembra que a nação precede a cidadania, pois é no quadro da comunidade nacional que os direitos cívicos podem ser exercidos. A cidadania fica, assim, limitada ao espaço territorial da Nação, o que contraria a esperança generosa dos filósofos do Iluminismo que haviam imaginado uma república universal.

A relação entre cidadania e nacionalidade configura um campo de confronto entre o pensamento conservador e o pensamento progressista. Para os conservadores, a cidadania se restringe ao conceito de nação, isto é, somente são cidadãos os nacionais de um determinado país. A cidadania é vista como relação de filiação, de sangue, entre os membros de uma Nação. Esta visão nacionalista exclui os imigrantes e estrangeiros residentes no país dos benefícios da cidadania.

No outro extremo, encontramos uma visão oposta, ancorada na doutrina tradicional da República, segundo a qual a cidadania está fundada não na filiação, mas no contrato. Se a cidadania não exclui a ideia de nação, seria inaceitável restringi-la a determinações de ordem biológica.

No plano jurídico, há dois polos opostos de definição de nacionalidade que determinam as condições de acesso à cidadania. O primeiro é o *jus soli*, um direito mais aberto que facilitou a imigração e a aquisição da cidadania. Pelo *jus soli*, é nacional de um país quem nele nasce. O segundo é o *jus sanguinis*, segundo o qual a cidadania é privativa dos nacionais e seus descendentes, mesmos nascidos no exterior, enquanto que filho de estrangeiro nascido no país será sempre estrangeiro. É um direito mais fechado, pois dificulta a aquisição da cidadania. No Brasil e na França, por exemplo, vigora o *jus soli*, já a Alemanha e a Itália adotam o *jus sanguinis*.

Recentes concepções mais democráticas procuram dissociar completamente a cidadania da nacionalidade. A cidadania teria, assim, uma dimensão puramente jurídica e política, afastando-se da dimensão cultural existente em cada nacionalidade. A cidadania teria uma proteção transnacional, como os direitos humanos. Por esta concepção, seria possível pertencer a uma comunidade política e ter participação independentemente da questão de nacionalidade. *Last but not least*, cabe lembrar que os problemas que afetam a humanidade e o planeta atravessam fronteiras e tornam-se globais com o processo de globalização que se acelera neste final do século XX. Questões como produção, comércio, capital financeiro, migrações, pobreza, danos ambientais, desemprego, informatização, telecomunicações, enfim, as grandes questões econômicas, sociais, ecológicas e políticas deixaram de ser apenas nacionais, tornaram-se transnacionais. É nesse contexto que nasce hoje o conceito de cidadão do mundo, de cidadania planetária, que vem sendo paulatinamente construída pela sociedade civil de todos os países, em contraposição ao poder político do Estado e ao poder econômico do mercado.

## 5 — DIREITO E CIDADANIA ENTRE O MODERNO E O PÓS-MODERNO

Tendo em vista as concepções de Direito e Cidadania expostas linhas atrás, passamos a resumir algumas importantes perspectivas que, a esse respeito, foram desenvolvidas por diferentes tradições de pensamento da Modernidade.

### A Teoria Liberal

A filosofia individualista do liberalismo fundamentou o seu pensamento político nos direitos de primeira geração. Inspira-se, entre outras, nas concepções de Locke, para quem o indivíduo precede o Estado. O governo, portanto, é para os indiví-

CIDADANIA E GLOBALIZAÇÃO                    33

duos, e não o contrário. Por isso, o governo deve limitar-se a garantir os direitos civis e políticos e evitar intrometer-se na atividade econômica, onde cada um, ao perseguir seus interesses individuais, contribuiria para o interesse coletivo pela ação da "mão invisível" de Adam Smith, isto é, pelo livre jogo das forças de mercado. A formulação contemporânea mais acabada do liberalismo é o pensamento de Hayek, com sua crença mítica no mercado como única solução para o problema da produção e distribuição de riquezas. Com seu desprezo pelos direitos sociais e pelo *welfare state*, o liberalismo não resolveu o problema social, econômico e político da desigualdade.

## A Teoria Socialista

Influenciado sobretudo pela teoria marxista, o movimento socialista priorizou os direitos de segunda geração, denunciando a falácia dos direitos formais do liberalismo. Para Marx, os direitos do homem não eram universais, eram direitos históricos da classe burguesa ascendente em sua luta contra a aristocracia. Como as relações econômicas de produção são, em última análise, determinantes, o Direito não passa de uma superestrutura, de um conjunto de normas impostas pelo Estado, visto como instrumento dos interesses das classes dominantes.

Daí o desprezo pela democracia liberal, de dominância burguesa, e a proposta de revolução proletária uma vez esgotado o papel histórico da burguesia, que passara a bloquear o desenvolvimento das forças produtivas que antes ajudara a revolucionar. A classe operária torna-se uma "classe para si" e, pela revolução, põe fim a todas as classes — portanto, ao próprio Estado —, após o regime transitório da ditadura do proletariado. Como na História, vista como luta de classes, o direito tornou-se expressão dos interesses da classe dominante, no comunismo, visto como associação livre dos produtores diretos, o direito reconquistaria o seu caráter universal.

## A Perspectiva Weberiana

Um dos maiores pensadores do processo de modernização foi sem dúvida Max Weber. A modernização é vista aqui como processo de racionalização, de diferenciação em diversas esferas (social, econômica, política, cultural etc.) que se tornam autônomas, embora dominadas pela racionalidade instrumental-cognitiva da ciência e da tecnologia. O Direito, tornado ciência, é dominado também pela razão instrumental, isto é, pelo mero emprego de meios técnicos para atingir os fins.

São marcos da modernidade a secularização, a ética protestante do trabalho, que influenciou o desenvolvimento do capitalismo, a burocratização do econômico e do político, levando à ameaça da "jaula de ferro" da burocracia, a monetarização dos valores, o predomínio da dominação "racional-legal". A razão instrumental da ciência levou ao "desencantamento do mundo", à sua "dessacralização", pois agora a ciência, na explicação do mundo, substituiu a religião, antes preocupada, juntamente com a Filosofia, com o sentido da vida. A Modernidade ordenou o mundo, mas deixou-o sem sentido.

## Foucault e o Direito

O mundo, na tradição nietzschiana, não se explica por sentido ou por valores, mas por forças em conflito. Foucault classificou as formas jurídicas de apuração da verdade em três grandes sistemas. O primeiro era o sistema de prova, existente na Grécia arcaica e no direito germânico antigo. Os litígios eram decididos pelos próprios contendores mediante uma prova que variava desde juramento aos deuses até lutas corporais. O ordálio medieval é também um exemplo de prova.

O sistema de inquérito prevaleceu desde o fim do século XII até o século XVIII. Inspirado na prática administrativa da

CIDADANIA E GLOBALIZAÇÃO    35

*inquisitio* já adotada por Carlos Magno e na prática eclesiástica da *visitatio*, o inquérito era uma forma político-jurídica de apurar uma verdade mediante investigação. Por ela, o soberano confiscou o direito de julgar após instituir a noção de infração. O crime deixava de ser um problema entre indivíduos ou famílias para tornar-se uma falta cometida também contra o soberano, que, em reparação, exigia o pagamento de multas. A matriz do inquérito produziu a atitude básica de pesquisa que levou à criação das Ciências Naturais. Para Foucault, as relações de poder e as formas de saber são inseparáveis.

Finalmente, o sistema de exame, característico do século XIX, baseava-se na disciplina rígida adotada pelas instituições fechadas da família, escola, hospital, hospício, fábrica, todas modeladas na prisão e inspiradas no Panopticon, de Bentham, segundo o qual um poderia, sem ser visto, vigiar a todos. Tratava-se de confiscar o tempo e o corpo do indivíduo para domesticá-lo e adaptá-lo às necessidades da produção. Nesse processo, ao se exercer um poder sobre o indivíduo confinado numa instituição, produziram-se os saberes das ciências sociais. Assim, estudando-se o comportamento dos reclusos na prisão, escola, hospício, fábrica, por exemplo, desenvolveram-se os conhecimentos da criminologia, pedagogia, psicologia, psiquiatria, economia, administração.

Vemos, assim, que, para Foucault, o saber e o poder (político e judiciário) são constitutivos das relações de produção, e não "superestruturas" ou reflexos na consciência, como queria Marx. O Direito, juntamente com o poder político e o econômico, tem função determinante no processo histórico de formação da sociedade. Afinal, se o trabalho fosse inerente à condição humana, não seria necessário o emprego de força para obrigar o homem a trabalhar (Foucault, 1986 e 1991).

Na segunda metade do século XX, as disciplinas entram em decadência. Elas não são mais necessárias no modelo atual de capitalismo maduro, voltado, não mais para a produção, mas para a venda do produto. O *marketing* torna-se o novo instrumento de controle social. A fábrica transforma-se em empresa, as máquinas energéticas em cibernéticas (computador), a assinatura em cifra e senha. A comunicação torna-se instantânea, e o controle, contínuo. O módulo torna-se modulação. Passamos, segundo Gilles Deleuze, das sociedades disciplinares para as sociedades de controle (Deleuze, 1990).

## Habermas e a Modernidade

O processo de modernização, segundo Weber, havia se caracterizado pela dominância da razão instrumental da ciência e tecnologia sobre as outras esferas sociais. A razão, sinônimo de liberdade para os pensadores do Iluminismo, acabou colaborando com as guerras mundiais, o bombardeio nuclear de Hiroshima e Nagasaki, os campos de concentração, a miséria e opressão das massas, tornando-se, para os filósofos da Escola de Frankfurt, sinônimo de dominação. Tentando buscar uma saída para este pessimismo, Habermas constrói um gigantesco e complexo sistema filosófico baseado em sua teoria da ação comunicativa.

Além da razão instrumental, haveria uma razão comunicativa, fundada na linguagem, que se expressaria na busca do consenso entre os indivíduos, por intermédio do diálogo. Essa razão comunicativa se encontra na esfera cotidiana do "mundo da vida" constituída pelos elementos da cultura, sociedade e personalidade. Já a razão instrumental predominaria no "sistema", isto é, nas esferas da economia e da política (Estado), que, no processo de modernização capitalista, acabou dominando e "colonizando" o mundo da vida.

A razão instrumental acabou invadindo as esferas da moral e da estética. Habermas tenta resgatar o potencial emancipatório da Razão ao afirmar que a Modernidade é um projeto inacabado. Recusa a redução da ideia de racionalidade à racionalidade instrumental-cognitiva da ciência que dominaria as esferas da racionalidade prático-moral (direito) e da racionalidade estético-expressiva (arte). Para ele, é necessá-

CIDADANIA E GLOBALIZAÇÃO                    37

rio fazer cessar a "reificação" e a "colonização" exercida pelo "sistema" sobre o "mundo da vida" mediante a lógica dialogal da ação comunicativa (Habermas, 1987). Combinando de forma original a tradição hegeliano-marxista com o pensamento neokantiano da Razão e contribuições de diversas ciências sociais, Habermas confere centralidade ao papel do Direito, cuja pretensão de validade passa agora a ancorar-se na Moral e não mais na Ciência. Caberia ao Direito, elemento essencial à estruturação da vida democrática, a elaboração e regulação das normas que vão orientar a busca do consenso, pelo diálogo, na ação comunicativa.

### A Visão Pós-Moderna

Por cima das divergências e diferenças de enfoque, encontramos nos pensadores modernos as tentativas de elaborar metateorias para apresentar "visões do mundo" que explicam a realidade com pretensões de validade universal. Ora, a Modernidade, na brilhante observação de Baudelaire, " é o transitório, o fugidio, o contingente; é uma metade da arte, sendo a outra o eterno e o imutável" (Harvey, 1989). O esgotamento da Modernidade e o advento de uma era pós-moderna se dariam pelo predomínio do transitório sobre o eterno, do contingente, fugidio e efêmero sobre o imutável. Estariam exauridos os conceitos que constituíram os pressupostos das teorias modernas: as noções de progresso, trabalho, produção, gênese, desenvolvimento, finalidade não conseguiriam mais explicar o mundo contemporâneo.

São muito grandes as diferenças entre os autores pós-modernos, desde aqueles que concebem o pós-moderno como resistência à dominação (Lyotard, 1992) até os que o definem como expressão do consumismo do capitalismo monopolista (Jameson, 1984). Mas eles trazem em comum uma recusa das metateorias, das grandes visões de mundo, dos conceitos universais, que, além de hipóteses interpretativas, têm a pretensão de expressar o próprio movimento do universo. Assim, Baudrillard "desconstrói" a teoria marxista mostrando que seus conceitos, utilizados para criticar a economia política dos séculos XVIII e XIX, não seriam válidos para explicar as sociedades primitivas, "onde não haveria modo de produção nem dialética, nem inconsciente, criticando *en passant* a universalidade dos conceitos freudianos. Se não são válidos para o passado, tampouco o são para o futuro, isto é, para a fase atual do capitalismo maduro, de consumo, voltado para a venda e para o *marketing*, para a "sociedade pós-industrial" (Bell, 1976), para a sociedade pós-moderna (Lyotard, 1992), dominadas não mais pelo econômico, mas pela informação, pela comunicação e pelo simbólico. Seria preciso, assim, "quebrar o espelho da produção", pensar o mundo fora do paradigma da produção (Baudrillard, 1973).

A era pós-moderna abre a forma fechada, o projeto transforma-se em acaso, o propósito em jogo, a hierarquia em anarquia, o objeto em processo, a totalização e síntese em desconstrução, a semântica em retórica, a seleção em combinação e mistura de estilos, o significado em significante, a paranoia em esquizofrenia, a igualdade em diferença, a transcendência em imanência, o permanente em transitório, a totalidade em fragmentação, a homogeneidade em heterogeneidade.


# 6 — DIREITO, CIDADANIA E DEMOCRACIA


As principais correntes do pensamento político contemporâneo conferem centralidade ao papel do direito e da cidadania na construção de um Estado democrático. São exemplos, como vimos, além do liberalismo, pensadores tão diferentes como, de um lado, Foucault, que atribuiu ao direito, como forma de saber-poder, junto com o político e o econô-

CIDADANIA E GLOBALIZAÇÃO          39

mico, o caráter de elemento constitutivo da sociedade (Foucault, 1991). E, de outro, Habermas, para quem o direito, ancorado na moral e não mais na racionalidade instrumental-cognitiva da ciência, é o elemento estruturador da democracia (Habermas, 1987).

Mesmo as correntes contemporâneas de influência marxista parecem relativizar a noção do Direito enquanto expressão superestrutural dos interesses econômicos de classe, para enfatizar a sua importância na formação da sociedade, especialmente a do "uso alternativo do direito", que, no Brasil, transformou-se em "direito alternativo" ou "insurgente", que seria o direito da classe trabalhadora ou dos oprimidos em geral (Arruda Jr., 1992).

Embora usado às vezes indistintamente, o "uso alternativo do direito" em função dos interesses populares se diferenciaria do "direito alternativo", que constituiria um outro direito, próprio das classes exploradas, embrião de um poder alternativo. Assim, uma experiência isolada de mediação de conflito por uma associação de moradores numa favela do Rio de Janeiro foi vista por Boaventura Souza Santos como um novo direito, o "direito de Pasárgada" (Faria, 1989). Por ironia da História, as associações de moradores nas favelas do Rio de Janeiro estão hoje sob o controle dos traficantes de droga, que constituem, estes sim, um poder paralelo no território que ocupam, com a proteção de armamento pesado.

Se o movimento socialista, de inspiração marxista, acabou, quando no poder, degenerando em totalitarismo, o liberalismo apoiou ditaduras autoritárias e costuma olhar a democracia de forma instrumental: ela é boa enquanto serve a seus interesses econômicos. A democracia, um valor universal, é usada como ideologia de grupos dominantes.

Ora, a democracia não é apenas um regime político com partidos e eleições livres. É sobretudo uma forma de existência social. Democrática é uma sociedade aberta, que permite sempre a criação de novos direitos. Os movimentos sociais, nas suas lutas, transformaram os direitos declarados formalmente em direitos reais. As lutas pela liberdade e igualdade ampliaram os direitos civis e políticos da cidadania, criaram os direitos sociais, os direitos das chamadas "minorias" — mulheres, crianças, idosos, minorias étnicas e sexuais — e, pelas lutas ecológicas, o direito ao meio ambiente sadio.

Um Estado democrático é aquele que considera o conflito legítimo. Não só trabalha politicamente os diversos *interesses e necessidades particulares* existentes na sociedade, como procura instituí-los em *direitos universais* reconhecidos formalmente. Os indivíduos e grupos organizam-se em associações, movimentos sociais, sindicatos e partidos, constituindo um contrapoder social que limita o poder do Estado. Uma sociedade democrática não cessa de trabalhar suas divisões e diferenças internas, e está sempre aberta à ampliação dos direitos existentes e à criação de novos direitos (Chauí, 1995).

A cidadania, definida pelos princípios da democracia, constitui-se na criação de espaços sociais de luta (movimentos sociais) e na definição de instituições permanentes para a expressão política (partidos, órgãos públicos), significando necessariamente conquista e consolidação social e política. A cidadania passiva, outorgada pelo Estado, se diferencia da cidadania ativa, na qual o cidadão, portador de direitos e deveres, é essencialmente criador de direitos para abrir novos espaços de participação política (Chauí,1984).

Na mesma linha, houve quem associasse a cidadania ativa à proposta de democracia semidireta do jurista Fábio Comparato (baseada nos mecanismos constitucionais de referendo, plebiscito e iniciativa popular), assegurando, dessa forma, complementaridade entre representação política tradicional e participação popular direta. Esse tipo de concepção, fundada no dinamismo da criação e liberdade de novos sujeitos e novos espaços públicos, superaria a visão liberal do modelo do cidadão patriota proposto para toda a sociedade, como se ela fosse homogênea e unidimensional. A cidadania, em decorrência, implicaria a ligação necessária entre

CIDADANIA E GLOBALIZAÇÃO    41

democracia, sociedade pluralista, educação política e democratização dos meios de comunicação de massa (Benevides, 1994).

Num Estado democrático, cabe ao Direito o papel normativo de regular as relações interindividuais, as relações entre o indivíduo e o Estado, entre os direitos civis e os deveres cívicos, entre os direitos e deveres da cidadania, definindo as regras do jogo da vida democrática. A cidadania poderá, dessa forma, cumprir um papel libertador e contribuir para a emancipação humana, abrindo "novos espaços de liberdade" (Guattari, 1987,1990), por onde ecoarão as vozes de todos aqueles que, em nome da liberdade e da igualdade, sempre foram silenciados.

# PARTE II

## SOCIEDADE CIVIL: A TERCEIRA MARGEM DO RIO

*...a quinta folha do trevo, a tangente que destrói o mistério. Entre o sim e o não, que infinita rosa dos ventos.*

(Julio Cortázar)

*Um engendrou o Dois; o Dois engendrou o Três; o Três engendrou todas as coisas.*

(Lao-tse)

# 1 — O RENASCIMENTO DO CONCEITO DE SOCIEDADE CIVIL

O ressurgimento contemporâneo do conceito de sociedade civil tem sido interpretado como a expressão teórica da luta dos movimentos sociais contra o autoritarismo dos regimes comunistas e das ditaduras militares em várias partes do mundo, especialmente no Leste europeu e na América Latina. Nas democracias liberais do Ocidente, esse conceito tem sido considerado como desprovido de potencial crítico para examinar as disfunções e injustiças da sociedade, ou como pertencente às formas modernas iniciais da filosofia política que se tornaram irrelevantes para as sociedades complexas de hoje. Entretanto, o conceito de sociedade civil vem sendo cada vez mais utilizado para indicar o território social ameaçado pela lógica dos mecanismos político-administrativos e econômicos, bem como para apontar o lugar fundamental para a expansão potencial da democracia nos regimes democrático-liberais do Ocidente.

Com efeito, a história da modernidade ocidental mostrou como as forças espontâneas da economia de mercado capitalista, tanto quanto o poder administrativo do Estado moderno, ameaçaram a solidariedade social, a justiça social e a autonomia dos cidadãos. Segundo Cohen e Arato, somente um conceito de sociedade civil devidamente diferenciado da economia — e portanto da "sociedade burguesa" — pode tornar-se o centro de uma teoria social e política crítica nas sociedades onde a economia de mercado já desenvolveu ou está em processo de desenvolver sua própria lógica autônoma. Por outro lado, depois de transições bem-sucedidas de ditadura à democracia, a versão indiferenciada do conceito enraizado no *slogan* "sociedade *versus* estado" perderia seu potencial crítico. Assim, apenas uma reconstrução com base num modelo tripartite distinguindo sociedade civil tanto do Estado quanto da economia tem possibilidade de servir ao papel de oposição

CIDADANIA E GLOBALIZAÇÃO

democrática desempenhado por este conceito nos regimes autoritários, bem como de renovar o seu potencial crítico nas democracias liberais (Cohen e Arato, 1992).

A sociedade civil, segundo essa concepção, é concebida como a esfera da interação social entre a economia e o Estado, composta principalmente pela esfera íntima (família), pela esfera associativa (especialmente associações voluntárias), movimentos sociais e formas de comunicação pública. A sociedade civil moderna, criada por intermédio de formas de autoconstituição e automobilização, se institucionaliza através de leis e direitos subjetivos que estabilizam a diferenciação social. As dimensões de autonomia e institucionalização podem existir separadamente, mas ambas seriam necessárias a longo prazo para a reprodução da sociedade civil.

A sociedade civil não engloba toda a vida social fora do Estado e da economia. É necessário distinguir a sociedade civil tanto de uma sociedade política de partidos, organizações políticas, parlamentos, quanto de uma sociedade econômica composta de organizações de produção e distribuição, em geral empresas, cooperativas, firmas etc. As sociedades política e econômica surgem da sociedade civil, partilham com ela algumas formas de organização e comunicação, e se institucionalizam através de direitos (especialmente direitos políticos e de propriedade) conjuntamente com o tecido de direitos que asseguram a sociedade civil moderna.

Mas os atores da sociedade política e econômica estão diretamente envolvidos com o poder do Estado e com a produção econômica visando ao lucro, que eles buscam controlar e gerir. Não podem permitir-se subordinar seus critérios estratégico-instrumentais aos padrões de integração normativa e comunicação aberta característicos da sociedade civil. O papel político da sociedade civil não está diretamente relacionado à conquista e controle do poder, mas à geração de influência na esfera pública cultural. O papel mediador da sociedade política entre a sociedade civil e o Estado é indispensável, assim como o enraizamento da sociedade política na sociedade civil.

O mesmo pode ser dito quanto à relação entre sociedade civil e sociedade econômica, embora, historicamente, sob regime capitalista, a sociedade econômica tenha sido mais hermética à influência da sociedade civil que a sociedade política. Apesar disso, a legalização dos sindicatos e o papel das negociações coletivas testemunham a influência da sociedade civil sobre a econômica que desempenha, assim, um papel mediador entre a sociedade civil e o sistema de mercado.

A sociedade civil representa apenas uma dimensão do mundo sociológico de normas, práticas, papéis, relações, competências ou um ângulo particular de olhar este mundo do ponto de vista da construção de associações conscientes, vida associativa, auto-organização e comunicação organizada. A sociedade civil tem, assim, um âmbito limitado, é parte da categoria mais ampla do "social" ou do "mundo da vida". Refere-se às estruturas de socialização, associação e formas organizadas de comunicação do mundo da vida, na medida em que estas estão sendo institucionalizadas.

Nas democracias liberais, a sociedade civil não está, por definição, em oposição à economia e ao Estado. As concepções de sociedade econômica e política expostas anteriormente referem-se a esferas de mediações a partir das quais a sociedade civil poderá exercer influência sobre os processos político-administrativos e econômicos. Uma relação antagonista da sociedade civil, ou de seus atores, com a economia ou o Estado surge apenas quando fracassam essas mediações, ou quando as instituições da sociedade econômica e política servem para isolar a tomada de decisões da influência de iniciativas e organizações sociais, participação e formas diversas de discussão pública (Cohen e Arato, 1992).

A categoria de sociedade civil foi resgatada da tradição da teoria política clássica e reelaborada mediante uma concepção que apresenta os valores e interesses da autonomia social contrapostos tanto ao Estado moderno quanto à economia capitalista. Além das antinomias de Estado e mercado, público e privado, *gesellschaft* e *gemeinschaft*, reforma e revo-

CIDADANIA E GLOBALIZAÇÃO    47

lução, a noção de defesa e democratização da sociedade civil parece ser o melhor caminho para caracterizar as novas formas contemporâneas de auto-organização e autoconstituição. Em meio a inúmeras ambiguidades de sentido relacionadas ao emprego da expressão sociedade civil, a concepção que adotamos assume uma defesa da sociedade civil moderna capaz de preservar sua autonomia e formas de solidariedade em face do Estado e da economia. Esse "terceiro caminho" busca, em outras palavras, garantir a autonomia da economia e do Estado moderno, ao mesmo tempo em que protege a sociedade civil da penetração destrutiva realizada por aquelas duas esferas. Não só protege, como garante a diferenciação da sociedade civil do que Habermas chamou de "sistema" — o Estado e o mercado —, bem como sua influência reflexiva sobre as duas esferas através das instituições da sociedade política e econômica*.

É importante ressaltar que as normas da sociedade civil — direitos individuais, privacidade, associações voluntárias, legalidade formal, pluralidade, publicidade, livre iniciativa — foram institucionalizadas de forma heterogênea e contraditória nas sociedades ocidentais, entrando em conflito com a lógica econômica do lucro e a lógica política do poder. Daí a importância dos movimentos sociais que surgiram para defender os espaços de liberdade ameaçados pela lógica do "sistema".

É verdade que a política da sociedade civil não se resume à contestação realizada, entre outros, pelos movimentos sociais. Fazem também parte de sua política as formas institucionais normais de participação — votar, militar em partidos políticos, formar grupos de interesse ou *lobbies*. Mas a

---

*O projeto implícito nesta concepção de sociedade civil critica tanto o paternalismo estatal quanto esta outra forma de colonização da sociedade baseada na economia de mercado sem regulação. Busca realizar o trabalho não só de uma política social mediante programas autônomos e descentralizados baseados na sociedade civil em vez dos programas tradicionais do *welfare state*, e como de uma política econômica de regulação mediante formas não burocráticas e menos intrusivas de legislação.

Trata-se de combinar a "continuação reflexiva do *welfare state*" (Habermas) na democracia liberal com a "continuação reflexiva da revolução democrática" (Arato) nos regimes autoritários.

dimensão utópica de uma política radical parece preferir o nível da ação coletiva. A relação entre ação coletiva e sociedade civil é muito importante para a constituição desse novo paradigma. Além de todos os modelos funcionalistas e pluralistas, a sociedade civil deixa de ser vista apenas de forma passiva, como um conjunto de instituições, para ser percebida também ativamente, como o contexto e o produto de atores coletivos que se autoconstituem.

## 2 — RAÍZES TEÓRICAS

A noção de sociedade civil ressurgiu no cenário teórico e político nos anos 80, graças sobretudo à influência de autores como Keane (1988), Wolfe (1992) e Cohen e Arato (1992).

Tal renascimento deve-se principalmente a três fatores: a) o esgotamento das formas de organização política baseadas na tradição marxista, com a consequente reavaliação da proposta marxista de fusão entre sociedade civil, Estado e mercado; b) o fortalecimento no Ocidente da crítica ao Estado de bem-estar social, pelo reconhecimento de que as formas estatais de implementação de políticas de bem-estar não são neutras, e o surgimento dos chamados "novos movimentos sociais", que centram sua estratégia não na demanda de ação estatal, mas na proposição de que o Estado respeite a autonomia de determinados setores sociais; c) os processos de democratização da América Latina e Leste europeu onde os atores sociais e políticos identificaram sua ação como parte da reação da sociedade civil ao Estado (Avritzer, 1994).

O conceito de sociedade civil se encontra no cerne dos processos que levaram à constituição da modernidade ocidental, que se revelou incapaz de produzir formas de solidariedade a partir de estruturas de coordenação impessoal de ação. Boa parte da filosofia política e da sociologia no século XIX esteve

CIDADANIA E GLOBALIZAÇÃO

voltada para a questão de como produzir formas não particularistas de ação em sociedades onde as formas comunitárias de solidariedade não mais operam, e onde o mercado não é solução satisfatória para a geração de formas de igualdade e solidariedade. Daí a ligação entre a necessidade de se produzirem formas modernas de solidariedade e o conceito de sociedade civil, que aparece associado a três constatações:

1. A sociedade civil aparece associada a processos de diferenciação entre Estado e mercado, direito privado e direito público. Identifica a vida ética e a construção de estruturas de solidariedade com a limitação da influência do mercado e do Estado sobre as formas interativas de organização social. Trata-se de limitação e regulamentação, e não de abolição.

2. O conceito aparece associado ao sistema legal moderno, que cumpre o papel de relacionar indivíduos sem a intermediação do Estado, cujo poder passa a ser controlado por regras de publicidade operando como limites legais ao exercício da autoridade. Assim, o sistema legal estabelece, através dos direitos positivos, a institucionalização não só da sociedade civil, mas também de suas formas de controle sobre o aparelho administrativo do Estado moderno.

3. O conceito de sociedade civil implica o reconhecimento de instituições intermediárias entre o indivíduo, por um lado, e o mercado e o Estado, por outro. Essas instituições mediadoras cumprem o papel de institucionalizar princípios éticos que não podem ser produzidos nem pela ação estratégica do mercado nem pelo exercício do poder de Estado. Nesse sentido, a reconstrução da solidariedade social na modernidade estaria associada à ideia de autonomia social (Avritzer, 1994).

Segundo Arato e Cohen, os movimentos sociais contemporâneos têm se apoiado em tipos ecléticos de síntese, ligados à história do conceito de sociedade civil. Eles pressupõem, em diferentes combinações, a divisão gramsciana tripartite entre sociedade civil, Estado e mercado, ao mesmo tempo em que preservam aspectos-chave da crítica marxista à sociedade burguesa. Reivindicam ainda a defesa liberal dos direitos civis, a ênfase dada por Hegel, Tocqueville e outros à pluralidade societária, a importância dada por Durkheim à solidariedade social, e a defesa da esfera pública e da participação política acentuada por Habermas e Hanna Arendt. Nessa perspectiva, o fim último das revoluções não é mais a reestruturação do Estado a partir de um novo princípio, mas a redefinição das relações entre Estado e sociedade, sob o ponto de vista desta última (Arato e Cohen, 1994).

Por outro lado, Michael Waltzer concebe a "ideia de sociedade civil" como moldura político-teórica que incorpora diversas propostas históricas de sociedade: a marxista, associada à cooperação dos produtores diretos; a "comunitarista", fundada no ideal rousseauniano de virtude cívica, a capitalista, baseada nas possibilidades oferecidas pelo mercado; e a nacionalista, que enfatiza a herança comum e as tradições históricas de uma nação.

Para Waltzer, a sociedade civil se apoia em seres sociais que são ao mesmo tempo cidadãos, produtores, consumidores e membros de uma nação. Ele aponta ainda os perigos de uma concepção despolitizada de sociedade civil que prescindiria do Estado, como foi propagado por alguns dissidentes do regime socialista do Leste europeu. A sociedade é um campo de tensões onde ambas as esferas — Estado e sociedade civil — devem se controlar mutuamente (Waltzer, 1992).

Já Charles Taylor distingue três diferentes tipos de sociedade civil. No sentido mínimo, ela existe quando há associações livres fora da tutela do poder estatal. Num sentido mais forte, quando a sociedade como um todo pode estruturar-se e coordenar suas ações mediante associações livres da tutela estatal. E, como alternativa ao segundo sentido, quando o conjunto das associações pode determinar ou influenciar de forma significativa o curso das políticas do Estado.

Haveria duas grandes correntes teóricas na história do conceito de sociedade civil. A primeira, tributária da visão

CIDADANIA E GLOBALIZAÇÃO 51

antiabsolutista de Locke, foi seguida por Adam Ferguson e Adam Smith, que enfatizam o caráter econômico da sociedade civil e sustentam que as pessoas podem se autorregular no mercado sem a intervenção do governo. A segunda se inscreve na tradição de Montesquieu, Rousseau e Tocqueville, ressaltando as relações sociais estabelecidas por agentes autônomos (Taylor, 1990).

# 3 — RAÍZES HISTÓRICAS

Escaparia aos limites do presente trabalho examinar a história do conceito de sociedade civil. Basta-nos uma rápida resenha desse conceito obscuro na teoria política, desde que o conceito aristotélico de *Politike koinonia* foi traduzido para o latim por sociedade civil. Na Idade Média, *societas civilis* não distinguia sociedade do Estado. Os primeiros autores modernos que utilizaram a expressão "sociedade civil", procurando um princípio constitutivo próprio para a ideia de sociedade, foram Montesquieu, Paine e Ferguson (Keane, 1988).

A noção de sociedade civil tem variado ao longo da História. Nos séculos XVII e XVIII, foi empregada por Hobbes e Rousseau para diferenciar a suposta condição de estado natural, onde os homens teriam vivido em liberdade, guiados apenas pelas paixões e necessidades — a *societas naturalis* — da sociedade regida por leis e dirigida por um corpo político onde liberdade e razão deveriam coexistir — a *societas civilis* —, fundada na concepção de contrato social. A hipótese lógica do estado de natureza estava intimamente associada à visão jusnaturalista do Direito Natural que embasou a Declaração dos Direitos do Homem da Revolução Francesa.

No século XIX, a noção foi empregada por Hegel, para quem as regras de mercado são fundamentais para a estruturação da sociedade civil. Como os indivíduos e instituições privadas comportavam-se na sociedade civil segundo seus interesses próprios, a superação dessas limitações seria alcançada no e pelo Estado, que assume na dialética hegeliana um papel preponderante, um "espírito absoluto" que organiza a existência real dos homens.

Hegel é o primeiro autor moderno a conferir centralidade à ideia de sociedade civil. Nem a família nem o Estado são capazes de esgotar a vida dos indivíduos nas sociedades modernas. Entre essas duas esferas, surgem um conjunto de instituições, o sistema de necessidades, a administração da justiça e as corporações. Sociedade civil, para Hegel, implica simultaneamente determinações individualistas e a procura de um princípio ético que jamais poderia vir do mercado, mas sim das corporações.

São conhecidas as críticas a Hegel feitas por Marx, para quem a consciência é determinada pela existência social, e não o contrário. Sociedade civil, para Marx, não significa instituições intermediárias entre a família e o Estado, mas se reduz ao sistema de necessidades, isto é, à economia capitalista da sociedade burguesa, vista a partir da contradição entre proprietários e não proprietários dos meios de produção. A solução marxista de abolição do mercado não se coloca no sentido da diferenciação entre Estado e sociedade, e sim na perspectiva de fusão de ambos. A classe capitalista seria historicamente superada e, pela Revolução, abolida juntamente com o Estado, visto como instrumento político da classe dominante.

Finalmente, cabe uma rápida menção a Gramsci, que critica em Hegel a redução da ideia de sociedade civil à defesa de uma esfera dominada pelo direito de propriedade, e em Marx a redução economicista da ideia de sociedade civil. Gramsci foi o primeiro autor a perceber a sociedade civil enquanto lugar da organização da cultura, e a propor um entendimento multifacetário das sociedades modernas enquanto interação de estruturas legais, associações civis e instituições de comunicação. Entretanto, o conceito gramsciano não escapa da efemeridade que a tradição marxista atribui

CIDADANIA E GLOBALIZAÇÃO 53

aos conceitos políticos. A sociedade civil é o lugar da conquista da hegemonia, mas tem seu papel relativizado pela tarefa de transformação da infraestrutura e pelo reduzido significado da política na sociedade pós-revolucionária. A expressão "sociedade civil" foi empregada por Gramsci como um nível intermediário de socialização entre os grupos primários — os agrupamentos "naturais" em torno da família — e as normas racionalizadas do Estado. Nesta concepção, papel preponderante cabe aos Partidos, que têm na sociedade civil uma centralidade social determinante, análoga ao do Estado na sociedade política.

A noção de sociedade civil muda consideravelmente a partir dos anos 70. Ela ressurge, principalmente, no Leste europeu, como uma terceira via de oposição ao Estado soviético depois do fracasso das tentativas de democratização na Hungria e na então Tcheco-Eslováquia. O fim último dos movimentos sociais seria apenas a auto-organização da sociedade para forçar o Estado a uma reforma estrutural sem colocar em questão o controle do Partido Comunista sobre o aparato estatal. Daí a concepção de sociedade civil contra o Estado, presente na oposição polonesa do Solidariedade e também nos novos movimentos sociais do Ocidente. Por mais críticos que sejam do mercado e do Estado, tais movimentos não se organizam para acabar com eles, mas para fortalecer as formas societárias de organização.

Tais movimentos nos reconduzem à ideia de sociedade civil pensada não mais como sistema de necessidades, tal como em Hegel e em Marx, mas sim como "movimentos democratizantes autolimitados que procuram proteger e expandir espaços para o exercício da liberdade negativa e positiva, e recriar formas igualitárias de solidariedade sem prejudicar a autorregulação econômica" (Cohen e Arato, 1992).

Esta definição resgata em Hegel a ideia de um espaço político para a vida ética, em Marx a contradição entre o espaço da interação e o mercado, e em Gramsci a concepção da sociedade como esfera de reprodução da cultura. Mas nenhum desses autores nos oferece um modelo capaz de localizar a sociedade civil no interior de sociedades complexas e multidiferenciadas. Essa tentativa nos leva a Habermas, cuja obra *Teoria da Ação Comunicativa* serve de fundamentação teórica para o conceito de sociedade civil posteriormente desenvolvido por Cohen e Arato.

## 4 — HABERMAS E O MUNDO DA VIDA

Como já dissemos anteriormente, o processo de modernização, segundo Weber, havia se caracterizado pela dominação da razão instrumental típica da ciência e tecnologia sobre as outras esferas sociais. A razão, vista pelo Iluminismo como fonte de liberdade, acabou sendo usada como instrumento de dominação.

Habermas tenta resgatar o potencial emancipatório da Razão ao afirmar que a Modernidade é um projeto inacabado. Ele não aceita que a ideia de racionalidade fique reduzida à racionalidade instrumental-cognitiva da ciência, que dominaria as esferas do direito (racionalidade prático-moral) e da arte (racionalidade estético-expressiva). Para ele, no "mundo da vida" existe uma razão comunicativa que se opõe à "reificação" e "colonização" exercida pelo "sistema" (Habermas, 1984).

Essa razão comunicativa se encontra na esfera cotidiana do "mundo da vida", constituída pelos elementos da cultura, sociedade e personalidade. A razão comunicativa, fundada na linguagem, se expressaria na busca do consenso entre os indivíduos, por intermédio do diálogo. Já a razão instrumental predominaria no "sistema", isto é, nas esferas da economia e da política (Estado), que, no processo de modernização capitalista, acabou dominando e "colonizando" o mundo da vida. A disputa do espaço social, nos pontos de encontro entre sistema e mundo da vida, constituiria a disputa política fundamental das sociedades contemporâneas.

CIDADANIA E GLOBALIZAÇÃO                                    55

Habermas confere centralidade ao papel do Direito, que passaria agora a ancorar-se na Moral e não mais na Ciência. Caberiam ao Direito, elemento essencial à estruturação da vida democrática, a elaboração e a regulação das normas visando orientar a busca do consenso, pelo diálogo, na ação comunicativa.

O discurso dos direitos já foi acusado de ser ideológico e opressor. Para Marx, os direitos formais não passam de reflexos ideológicos da propriedade e relação de troca capitalistas. Mas nem todos os direitos podem ser reduzidos ao direito de propriedade. Outra objeção clássica é a de Foucault, para quem os direitos constituem a produção de vontade do Estado soberano articulada, pelo sistema legal positivo, para assegurar a vigilância em todas as dimensões societárias; o direito e o poder não são aqui vistos como reflexos, mas como constitutivos da sociedade, ao lado das relações de produção. Mas o Estado não pode constituir a fonte de sua própria validade. Os direitos surgem enquanto reivindicações de grupos ou indivíduos nos espaços públicos de uma sociedade civil emergente. Eles podem ser garantidos por uma legalidade positiva, mas não se reduzem a esta.

Segundo Arato, os direitos possuem uma dupla natureza ou um caráter ambíguo nas sociedades contemporâneas. Enquanto meio de controle, o direito funciona como veículo para a penetração do mundo da vida pelo poder e pelo dinheiro. Enquanto instituição, o direito contribui para a modernização da sociedade civil, assegurando sua proteção contra a penetração das agências sistêmicas, tornando-se, assim, um componente social do próprio mundo da vida. Neste último sentido, o direito desempenha mais um papel regulativo do que constitutivo, servindo para expandir as esferas de ação reguladas comunicativamente. Esta dimensão potencializadora entra em conflito com a dimensão autoritária da intervenção burocrática implementada pela legislação. Foucault enfatizou exclusivamente o papel da legislação e dos direitos enquanto meios de controle. Mas o papel regulativo do direito, no segundo sentido, pode assegurar uma sociedade civil autônoma, autorregulada e universalista. Os direitos universais devem, assim, ser vistos "enquanto princípio organizativo de uma sociedade civil moderna, cuja instituição dinâmica é a esfera pública" (Arato e Cohen, 1994).

A análise habermasiana visualiza a sociedade enquanto esfera simultaneamente pública e política, na qual a explicação da ação social se articularia com o movimento político de defesa da sociedade contra a penetração dos subsistemas nas formas comunicativas de ação. Na modernidade ocidental, segundo Habermas, ocorreu um processo de diferenciação das estruturas de racionalidade que dissociou as estruturas sistêmicas das estruturas comunicativas do mundo da vida. Não se trata de teoria dualista de diferenciação entre Estado e sociedade, mas de uma forma múltipla de diferenciação, pois as estruturas sistêmicas econômicas e administrativas não se diferenciam apenas do mundo da vida, mas também entre si.

É importante assinalar que tanto o sistema quanto o mundo da vida são atravessados pelas dimensões do público e do privado. No sistema, o público é o Estado, o privado é a economia. No mundo da vida, o público é a participação política dos cidadãos, e o privado é a família. A Figura 1, a seguir, ilustra essas relações.

|  | SISTEMA | MUNDO DA VIDA |
|---|---|---|
| PÚBLICO | Estado | Participação Opinião Pública |
| PRIVADO | Economia | Família |

Figura 1

O modelo tripartite gera, assim, dois conjuntos de dicotomia entre público e privado. Um, no nível dos subsistemas (Estado/economia), e outro no nível da sociedade civil (formação da opinião pública/família). Essas quatro dimensões se relacionam por uma série de trocas tornadas possíveis pelos meios de controle dinheiro e poder. Podemos assim distinguir entre as instituições da esfera privada coordenada comunicativamente (família ou relações de amizade) e aquelas que são coordenadas pelos mecanismos sistêmicos (economia). O mesmo ocorre em relação às duas esferas públicas analiticamente distintas. Em decorrência, podem-se imaginar processos de desprivatização que não envolvem estatização, bem como mostrar que a intervenção do Estado na economia não acarreta necessariamente a absorção ou supressão de uma sociedade civil autônoma.

O conflito entre Estado e mercado, de um lado, e as estruturas interativas do mundo da vida, de outro, leva este último a se organizar em movimentos sociais fundantes da democracia, que, para Habermas, é a institucionalização no sistema político das sociedades modernas dos princípios normativos da racionalidade comunicativa. A esfera pública é o local de disputa entre os princípios divergentes de organização da sociabilidade. Os movimentos sociais constituem os atores que reagem à reificação e burocratização, propondo a defesa das formas de solidariedade ameaçadas pela racionalização sistêmica. Eles disputam com o Estado e com o mercado a preservação de um espaço autônomo e democrático de organização, a reprodução da cultura e a formação de identidade e solidariedade.

## 5 — DO MUNDO DA VIDA
## À SOCIEDADE CIVIL

Habermas não chega a oferecer uma teoria da sociedade civil. Mas sua distinção analítica entre lógica do sistema e lógica do mundo da vida proporciona um marco analítico onde se pode situar o conceito de sociedade civil. O conceito de integração sistêmica constitui uma primeira aproximação dos mecanismos pelos quais a economia capitalista e a administração burocrática moderna coordenam a ação. Por outro lado, o conceito de integração social do mundo da vida, enquanto consenso normativamente assegurado e comunicativamente reproduzido, aponta o espaço no qual o conceito hermenêutico de sociedade civil pode localizar-se.

O conceito de mundo da vida não se traduz automaticamente em conceito de sociedade civil. Cada um deles parece operar em nível distinto. O conceito habermasiano de mundo da vida possui duas dimensões distintas, sendo uma delas o lugar da sociedade civil no modelo global. Cohen e Arato propõem um conceito habermasiano de sociedade civil, estabelecendo uma identidade entre a defesa do mundo da vida e os movimentos da sociedade civil.

Haveria no conceito de mundo da vida duas dimensões distintas. Uma primeira ligada ao reservatório de tradições imersas na linguagem e na cultura e utilizadas pelos indivíduos na sua vida cotidiana. E uma outra, mais institucional, incluindo as instituições e formas associativas comunicativamente reproduzidas, e cuja ação é coordenada por processos de integração social no interior de suas estruturas. É esta segunda dimensão do mundo da vida que Cohen e Arato identificam com a sociedade civil.

Esta nova perspectiva opera uma mudança importante no conceito de sociedade civil que agora se refere a movimentos sociais e instituições, localizados tanto na esfera privada quanto na pública, com o objetivo de se contrapor às ações

Cidadania e Globalização

sistêmicas de mercado e de Estado nos pontos de contato entre estes e a sociedade civil. Vislumbra-se, então, uma sociabilidade multidiferenciada que permite a criação de novas formas de mediação entre os subsistemas e o mundo da vida (Figura 2), ou seja, formas institucionais permanentes de limitação do mercado e do Estado. Tratar-se-ia da criação de fóruns intermediários entre o mercado, o Estado e a sociedade civil que restringiriam a intervenção do Estado a um número mínimo e predefinido de princípios legais. A intervenção legal substantiva seria substituída pela criação de normas de procedimento, organização e regulação capazes de levar os próprios atores a definirem seu comportamento no interior das formas societárias de negociação.

---

Mundo da Vida
Instituições do Mundo da Vida — Sociedade Civil

Sociedade Política e Econômica
Instituições Políticas e Econômicas de Mediação

Subsistemas Econômico e Administrativo

---

Figura 2

Enquanto Habermas pensa exclusivamente em táticas defensivas do mundo da vida em relação ao sistema, Cohen e Arato procuram constituir a sociedade política e econômica enquanto instrumento ofensivo da sociedade civil contra sua própria colonização. A associação entre a análise habermasiana e a ideia de sociedade civil transforma a obra de Habermas em uma teoria societária da democracia, enfraquecendo significativamente a crítica de eurocentrismo dirigida ao autor de *Teoria da Ação Comunicativa*. As sociedades política e econômica constituiriam o fórum democratizante no qual estariam incluídos não apenas os novos movimentos sociais, mas também os movimentos democráticos estruturados interativamente.

Será possível, assim, nos países do Leste europeu e na América Latina, compreender os movimentos democráticos enquanto reação aos processos de fusão entre Estado e mercado, e Estado e sociedade. Na América Latina, por exemplo, as propostas neoliberais hoje em moda procuram substituir uma forma de desenvolvimento estruturada a partir do Estado por uma outra organizada em torno do mercado, sem qualquer limitação. Os países latino-americanos parecem transitar de um modelo anterior de fusão entre Estado-mercado e sociedade para um modelo de fusão entre mercado e sociedade. Isto poderia acarretar a abolição dos mecanismos estatais de limitação do mercado sem a criação de formas societárias capazes de funções semelhantes de modo não intervencionista.

A suposição ingênua de que o mercado pode ser considerado uma instância de defesa da sociedade já foi fulminada principalmente por K. Polanyi em *A Grande Transformação*, que, aliás, é uma das fontes da abordagem atual de sociedade civil enquanto um terceiro polo emergente nas sociedades que até então só se estruturaram em torno do Estado ou do mercado (Avritzer, 1994). A sociedade civil como um todo não pode ser reduzida a sua negatividade. Na medida em que associações são transformadas em organizações burocráticas, novas formas de associação, igualitárias e democráticas, tendem a surgir. Eis as alternativas das associações no interior da sociedade civil: por um lado, a redução da vida associativa a organizações formais, burocráticas e fechadas, isto é, os sistemas corporativos. Por outro, a revitalização das associações voluntárias pelas formas coletivas abertas e internamente democráticas de vida pública. Um desfecho democrático depende fundamentalmente desta última (Arato e Cohen, 1994).

CIDADANIA E GLOBALIZAÇÃO 61

# 6 — MOVIMENTOS SOCIAIS E GRUPOS DE INTERESSE

A partir dos anos 80, em função da perda de prestígio dos partidos políticos, então já não atraindo o interesse político de muitos cidadãos, que passaram a se envolver com outros grupos e atividades, começou a entrar em declínio a militância partidária. Aumentou o fosso entre o sistema institucional de representação no plano do Estado e a chamada sociedade civil organizada.

As associações da sociedade civil têm o papel de formadoras da opinião pública e constituidoras da opinião coletiva nos espaços situados fora do Estado e do mercado. Distinguem-se dos "grupos de interesse", caracterizados pela lógica dos interesses econômicos particularistas e pela defesa dos interesses privados específicos, como, por exemplo, as organizações sindicais e empresariais.

Os atores da sociedade civil organizados em movimentos sociais cumprem função pública, absorvendo a ação comunicativa existente no mundo da vida e levando-a ao nível da esfera pública. Defendem o interesse público e se constituem como instância de crítica e controle do poder. Os grupos de interesse, por outro lado, possuem uma visão corporativa, organizam-se em *lobbies* e buscam apropriar-se dos espaços públicos em função dos seus interesses particularistas.

Os movimentos sociais levantam a bandeira da autonomia e da democratização da sociedade, mas seria um erro imaginar que possam prescindir das instituições do Estado enquanto sociedade politicamente organizada. Daí a necessidade de uma estratégia política dual (Cohen & Arato, 1992): os movimentos sociais devem atuar no plano institucional e extrainstitucional, apoiados ao mesmo tempo nas organizações da sociedade civil e em outros atores, como os partidos e sindicatos.

O Prof. Sergio Costa, em aguda observação, mostrou que Habermas fez uma revisão de sua classificação de movimentos sociais que, na *Teoria da Ação Comunicativa*, eram considerados defensivos, à exceção do movimento feminista, talvez o único propriamente ofensivo. A partir da noção de "política dual" desenvolvida por Cohen & Arato, Habermas, em seu livro *Facticidade e Validade*, passa a considerar os movimentos sociais como atores "duais", com orientação política dupla, simultaneamente defensiva e ofensiva (Costa, 1994).

Na prática, a distinção entre movimentos sociais e grupos de pressão nem sempre é muito clara. Em princípio, os primeiros exercem uma função pública, pois defendem interesses públicos de forma aberta e transparente, fortalecendo com sua ação a esfera pública. Já os segundos, como vimos, se caracterizam pela defesa de seus interesses particularistas.

Ocorre que, às vezes, organizações da sociedade civil lutam por seus interesses particulares realizando acordos de cúpula, sem discussão pública. Foi o caso, por exemplo, de certas associações de moradores que acertaram acordos com o Estado no mesmo estilo dos grupos de interesse. Nesses casos, não é mais possível distinguir, como observa Sergio Costa, as organizações da sociedade civil dos grupos de interesse que se utilizam do Estado para a consecução de seus objetivos particulares (Costa, 1994).

Esses casos, porém, de modo algum podem eliminar a distinção analítica entre, de um lado, movimentos sociais e organizações da sociedade civil, voltados para a defesa da cidadania e do interesse público, e, de outro, associações de caráter econômico e político-administrativo. É o que tenta fazer a ideia de "setores intermediários", que cai na vala comum ao colocar no mesmo plano todas as organizações entre o Estado e a sociedade civil, desde associações filantrópicas a partidos e sindicatos.

É também o que tentam fazer aqueles que em vão procuram desqualificar as organizações da sociedade civil, equiparando-as a grupos de interesse. Os inúmeros exemplos de movimentos sociais lutando por interesses públicos, no entanto, como bem ilustra, entre outros, a Ação da Cidadania contra a Fome e a Miséria, mostram que as associações civis desempenham cada vez mais um papel de fortalecimento da esfera pública.

# 7 — A ESFERA PÚBLICA NÃO ESTATAL

A partir da década de 70, a noção de sociedade civil mudou consideravelmente. Houve uma verdadeira ruptura conceitual, que, segundo Cohen e Arato, como vimos, se vincula aos movimentos sociais e políticos democratizantes do Leste europeu, da Ásia e da América Latina. Expressões como autonomia, autogestão, independência, participação, *empowerment*, direitos humanos, cidadania passaram a ser associadas ao conceito de sociedade civil.

Não se trata mais de um sinônimo de sociedade, mas de uma maneira de pensá-la, de uma perspectiva ligada à noção de igualdade de direitos, autonomia, participação, enfim, os direitos civis, políticos e sociais da cidadania. Em virtude disso, a sociedade civil tem que ser "organizada". O que era um estado natural nos filósofos contratualistas, ou uma condição da política moderna em Hegel e Marx, torna-se agora um objetivo para os ativistas sociais do Segundo e Terceiro Mundos: a sociedade civil tem que ser construída, reforçada, consolidada. Trata-se de meio e fim da democracia política (Fernandes, 1995).

Resgatada dos livros de História pelos ativistas sociais das últimas décadas, a noção de sociedade civil se transforma e passa a ser compreendida em oposição não apenas ao Estado, mas também ao mercado. Agora representa uma terceira dimensão da vida pública, diferente do governo e do mercado. Em vez de sugerir a ideia de uma arena para a competição econômica e a luta pelo poder político, passa a significar exatamente o oposto: um campo onde prevalecem os valores da solidariedade.

Esta perspectiva se aproxima da noção anglo-saxônica de "terceiro setor"*, ou ainda de movimento social ou organi-

---

*A expressão "terceiro setor" é muitas vezes empregada no sentido de diluir a diferença entre associações civis e empresas de mercado, tal como os "setores independentes", na linguagem oficial da ONU. Não é este, evidentemente, o sentido que aqui adotamos.

zação não governamental, os quais, para efeito deste trabalho, serão utilizados indistintamente, à luz da concepção atual de sociedade civil que esboçamos linhas atrás.

É dentro desta perspectiva que trabalham alguns pensadores contemporâneos que forneceram importantes subsídios teóricos para a atuação das chamadas organizações não governamentais, tais como Alan Wolfe, por exemplo. O próprio Habermas, como já mencionado, havia rompido com a correlação ideológica unívoca entre sociedade civil e esfera privada, entendida como economia, e o Estado entendido como esfera pública. Há uma esfera privada no "sistema" (economia) e uma esfera pública não estatal, constituída pelos movimentos sociais, ONGs, associações de cidadania etc.

Assim, os conceitos de público e privado não se aplicam mais automaticamente a Estado e sociedade civil, respectivamente. É possível dizer hoje que existem também as esferas do estatal-privado e do incipiente social-público.

Na esfera estatal-privada estão as empresas e corporações estatais que, embora formalmente públicas, encontram sua lógica na defesa de interesses particulares, econômicos ou setoriais, comportando-se na prática como organizações de mercado. Já na esfera social-pública, ainda emergente, encontram-se os movimentos e instituições que, embora formalmente privados, perseguem objetivos sociais, articulando na prática a construção de um espaço público não estatal. É o caso das organizações não governamentais que, como sugere Alan Wolfe, são também organizações de não mercado e, ainda, organizações não corporativas (Wolfe, 1992).

Dessa esfera pública não estatal estariam excluídos os partidos políticos, que, embora formalmente possam ser considerados instituições da sociedade civil, na prática se comportam como organizações pró-estatais. Voltados para a luta pelo poder, os partidos acabam assumindo as "razões de Estado", pois seu centro estratégico não se situa no interior da sociedade civil que buscam representar, mas no modelo de Estado que pretendem conservar ou mudar (Franco, 1994).

CIDADANIA E GLOBALIZAÇÃO          65

Segundo Alberto Melucci, a existência de espaços públicos independentes das instituições do governo, do sistema partidário e das estruturas do Estado é condição necessária da democracia contemporânea. Como intermediações entre o nível do poder político e as redes da vida cotidiana, esses espaços públicos requerem simultaneamente os mecanismos da representação e da participação. Ambos são fundamentais para a existência da democracia nas sociedades complexas. Os espaços públicos são pontos de conexão entre as instituições políticas e as demandas coletivas, entre as funções de governo e a representação de conflitos (Melucci, 1988).

A construção dessa esfera social-pública enquanto participação social e política dos cidadãos passa pela existência de entidades e movimentos não governamentais, não mercantis, não corporativos e não partidários. Tais entidades e movimentos são privados por sua origem, mas públicos por sua finalidade. Eles promovem a articulação entre esfera pública e âmbito privado como nova forma de representação, buscando alternativas de desenvolvimento democrático para a sociedade*.

As ONGs que cumprem funções públicas percebem sua prática como inovadora na articulação de uma nova esfera pública social, e se consideram precursoras de uma nova institucionalidade emergente. O Estado, o mercado, as corporações e os partidos não seriam suficientes para a articulação e a ampliação da esfera pública como um todo, nem seriam adequados para a construção de uma nova institucionalidade social-pública. Ao contrário, a pressão de uma esfera social-pública emergente é que poderia reformar e democratizar efetivamente o Estado, o mercado, as corporações e os partidos.

Os chamados novos movimentos sociais — movimentos

---

*Não se trata de apresentar uma visão idílica das ONGs ou de negar o papel do Estado, do mercado e dos partidos. Existem ONGs que defendem interesses particularistas e ninguém ignora a necessidade de fortalecer, ampliar e aperfeiçoar as esferas estatal-pública e social-privada. Existem agentes privados para fins privados (mercado), agentes públicos para fins públicos (Estado), agentes privados para fins públicos (terceiro setor) e também agentes públicos para fins privados (corrupção) (Fernandes, 1995).

ecológicos, feministas, de minorias, de consumidores etc. — se organizaram de forma autônoma fora dos partidos políticos, afugentados pela forma piramidal, burocrática e profissional das lutas político-partidárias.

Em suma, essas entidades e movimentos da sociedade civil, de caráter não governamental, não mercantil, não corporativo e não partidário, podem assumir um papel estratégico quando se transformam em sujeitos políticos autônomos e levantam a bandeira da ética, da cidadania, da democracia e da busca de um novo padrão de desenvolvimento que não produza a exclusão social e a degradação ambiental.

# 8 — AS ORGANIZAÇÕES NÃO GOVERNAMENTAIS

As três dimensões da atual discussão sobre a ordem mundial — a internacionalização da função pública, a reorganização das relações internacionais após o fim do conflito Leste-Oeste e uma ordem econômica mundial para o desenvolvimento sustentável — representam aspectos de um processo de transformação, mundial e a longo prazo, da função pública nacional em global. Este processo de transformação corresponde à tendência à globalização inerente ao capitalismo, e transcorre de modo assincrônico e contraditório.

Uma das principais características do mundo contemporâneo é a globalização econômica, bem como o desenvolvimento de novas formas de solidariedade entre os cidadãos, configurando uma tendência para a constituição de uma sociedade civil global como contraponto à tendência de relativo enfraquecimento do Estado nacional, como analisamos na terceira parte. Para Roland Robertson, entre os elementos que caracterizam a fase atual da globalização — que ele denomina "fase da

CIDADANIA E GLOBALIZAÇÃO    67

incerteza", iniciada nos anos 60 —, encontram-se a sociedade civil mundial e a cidadania mundial (Robertson, 1990).

Por outro lado, Boaventura de Sousa Santos assinala que, nos últimos 20 anos, novas formas de ação social transformadora emergiram no mundo: movimentos populares ou novos movimentos sociais com novas agendas políticas (ecologia, paz, antirracismo, antissexismo), ao lado das agendas tradicionais de melhoria da qualidade de vida (sobrevivência econômica, habitação, terra, bem-estar social, educação).

Esses movimentos, centrados nos temas de democratização, cidadania, liberdades, identidade cultural, além daqueles que constituem a "herança comum da humanidade" (sustentabilidade da vida humana na terra, meio ambiente global, desarmamento nuclear), assumiram a forma de organizações não governamentais e, particularmente, de ONGs transnacionais. Os Tratados Alternativos das ONGs aprovados no Fórum Global durante a Conferência das Nações Unidas sobre Meio Ambiente e Desenvolvimento realizada no Rio em 1992 constituem, segundo esse autor, "uma eloquente demonstração do dinamismo das ONGs transnacionais" (Santos, 1995).

A explosão de atividades não governamentais em geral, e das ONGs em particular, reflete a intensificação da permeabilidade das fronteiras nacionais, bem como os avanços nas comunicações modernas. ONGs dispersas geograficamente e organizações comunitárias de base local podem hoje desenvolver agendas e objetivos comuns no plano internacional.

Segundo estimativa do PNUD (Programa das Nações Unidas para o Desenvolvimento), a atuação das ONGs beneficia cerca de 250 milhões de pessoas nos países em desenvolvimento. As organizações não governamentais e voluntárias tornaram-se importantes peças de apoio aos programas de desenvolvimento nas últimas décadas. Em 1992, a assistência oficial para desenvolvimento dos países subdesenvolvidos alcançava 58,7 bilhões de dólares. Nesse ano, as ONGs distribuíram 5,5 bilhões em doações, representando 10% da assistência governamental e constituindo o quinto maior grupo doador (OCDE — Relatório da Comissão de Assistência ao Desenvolvimento. Paris. 1994).

Existem ONGs atuando nos planos local, nacional, regional e internacional. A vinculação local e a conexão internacional possibilitam às ações locais interligar-se globalmente. É comum a associação de ONGs em redes, que aumentam sua eficácia e campo de atuação.

Em muitos países, as ONGs ajudam a formular as políticas públicas. Em outros, seu papel é importante para fiscalizar projetos, bem como para denunciar arbitrariedades do governo, desde violações de direitos humanos até omissão no cumprimento de compromissos públicos, nacionais ou internacionais. Em alguns países, as ONGs são criadas espontaneamente como associações civis de base. Em outros, são criadas, de cima para baixo, pelo Estado ou empresas do mercado. Neste caso, existe um vício de origem que compromete a autonomia da organização, salvo se ela tiver capacidade de absorver as reivindicações da cidadania e captar lideranças locais que transmitirão os verdadeiros anseios das comunidades.

Em muitos países, as ONGs têm desenvolvido uma política de alianças de caráter duplo. De um lado, aliam-se com o Estado para exigir do mercado o equacionamento dos custos sociais e ambientais da produção exigido pelo desenvolvimento sustentável; de outro lado, aliam-se ao mercado para exigir do Estado a realização de reformas democráticas que aumentem sua eficácia administrativa.

Mas vai além disso a responsabilidade atual dessas organizações da sociedade civil. Em face dos impasses criados pelo modelo econômico predominante no mundo, predatório ecologicamente e injusto socialmente, entendemos que essas entidades estão sendo chamadas a desempenhar um papel de crucial importância, ou seja, buscar alternativas, do ponto de vista da sociedade civil, para a crise ecológica e social que, pela degradação ambiental, ameaça o planeta e, pela globalização da pobreza, flagela a humanidade.

# PARTE III

# OS (DES)CAMINHOS DA GLOBALIZAÇÃO

*Vi terras da minha terra*
*Por outras terras andei*
*Mas o que ficou marcado*
*No meu olhar fatigado*
*Foram terras que inventei.*

(Manuel Bandeira)

*Precisamos tentar salvar a herança republicana,*
*mesmo que seja transcendendo os limites do Esta-*
*do-Nação.*

(Jurgen Habermas)

O termo globalização se presta a várias interpretações. É visto como processo fatal e inescapável, ou como mera ideologia, propagandeada pelo Banco Mundial e pelos países dominantes, para servir aos interesses das empresas transnacionais.

Para outros, entretanto, trata-se de um fenômeno real que merece ser levado a sério e analisado com mais profundidade. Nesta perspectiva estão aqueles que veem a globalização como um processo de homogeneização, isto é, de padronização e estandardização das atitudes e comportamentos em todo o mundo, colocando em risco a diversidade cultural da humanidade. A globalização é aqui compreendida principalmente em sua dimensão econômica dominante de interligação mundial de mercados.

Surgem dessa perspectiva algumas noções expressivas como, por exemplo, aldeia global, fábrica global, cidade global, *shopping center* global, Disneylândia global, macdonaldização do mundo etc. Embora enfatizando aspectos diferentes, essas metáforas parecem sugerir a ideia de uma padronização do comportamento humano.

Uma visão diferente procura mostrar que o processo de globalização não é incompatível com a diversidade cultural, podendo coexistir com a heterogeneidade e pluralidade das diversas culturas existentes no planeta. Algumas expressões parecem estar mais de acordo com essa visão, como, por exemplo, sociedade global, terra-pátria, nave espacial etc.

A globalização é em geral vista como um fenômeno econômico que deve ser combatido, pelas suas consequências nocivas para os países pobres em vias de desenvolvimento. É apresentada ainda como um fenômeno que se contrapõe aos laços de solidariedade social existentes nos planos local e nacional.

Inspirada, talvez, em algumas oposições clássicas das ciências sociais, como grupos primários (família e vizinhança) x grupos secundários, comunidade x sociedade, casa x rua, é comum encontrarmos a ideia de que "o local une, o global separa". Mas se uma indústria química na minha vizinhança polui o ar que respiro e a água que bebo, ela separa, ao mesmo tempo em que posso me sentir unido a um grupo, pessoa, evento, ação ou situação situada a muitos quilômetros de distância e aproximada pelos meios modernos de comunicação eletrônica.

A globalização redimensionou as noções de espaço e tempo. Em segundos, notícias dão volta ao mundo, capitais entram e saem de um país por transferências eletrônicas, novos produtos são fabricados ao mesmo tempo em muitos países e em nenhum deles isoladamente. Fenômenos globais influenciam fatos locais e vice-versa.

O global e o local se interpenetram e se tornam inseparáveis. O global investe o local, e o local impregna o global. Não se trata mais de duas instâncias autônomas que se relacionam de uma determinada maneira, influenciando-se reciprocamente mas mantendo cada uma sua identidade. Trata-se agora de um processo que engloba, em seu movimento, o local e o global combinados.

Para melhor compreender esse fenômeno, já se propôs o emprego da palavra *glocal*, que incorpora num conceito único as dimensões do local e do global.

O processo de globalização é assimilado por alguns autores à ocidentalização do mundo efetuada pela era moderna, com a expansão do capitalismo sob as formas coloniais, neocoloniais e imperialistas de dominação econômica e política.

Para outros, é fenômeno recente, pelo menos em sua fase atual. Caracteriza-se, entre outras coisas, pelo fim da Guerra Fria e da bipolaridade entre EUA e URSS, surgimento dos "novos movimentos sociais" (ecológicos, étnicos, de mulheres), descentralização da produção, desterritorialização das empresas multinacionais, tornadas agora transnacionais, fragmentação das grandes ideologias e visões de mundo na multiplicidade "pós-moderna", surgimento das primeiras manifestações de uma sociedade civil mundial e de uma cidadania planetária.

Estamos diante de uma nova revolução, fundada na microeletrônica, na informática e nas telecomunicações, que desterritorializa o indivíduo, configurando um novo modo de vida. Em seu rastro, já se percebe a tendência ao declínio do Estado-Nação, bem como a globalização da pobreza e do desemprego, que torna descartável a maior parte da humanidade. Simultaneamente, surgem condições mais favoráveis para a defesa dos direitos humanos e da democracia. Eis o desafio da globalização de que trata este livro. A sua leitura requer o abandono de preconceitos para enfrentar os impasses do mundo neste final de século. Requer ainda espírito de aventura, para acompanhar a trajetória humana na terra, que, segundo lembra o pensador francês Edgard Morin, não é mais teleguiada por Deus, pela Ciência, pela Razão ou pelas leis da História. Ela nos faz reencontrar o sentido grego da palavra planeta: astro errante.

# 1 — O QUE É GLOBALIZAÇÃO?

O paradigma clássico das ciências sociais, baseado nas sociedades nacionais, está sendo substituído por um paradigma emergente, baseado na sociedade global. Começam a sofrer reformulação conceitos clássicos como as noções de soberania e hegemonia, associadas ao Estado-Nação como centro de poder. As novas forças que operam na atual ordem mundial, dominada pela economia capitalista de cunho neoliberal, reduzem os espaços do Estado-Nação, obrigando à reformulação de seus projetos nacionais. As nações buscam proteger-se formando blocos geopolíticos e celebrando acordos sob o controle de organizações internacionais, como FMI, OMC (ex-GATT), BIRD, ONU etc. Ao mesmo tempo, surgem novos centros de poder que agem em todos os níveis, do local ao global, estabelecendo normas e leis nacionais que podem contrariar os interesses públicos da sociedade civil.

A globalização é normalmente associada a processos econômicos, como a circulação de capitais, a ampliação dos mercados ou a integração produtiva em escala mundial. Mas descreve também fenômenos da esfera social, como a cria-

CIDADANIA E GLOBALIZAÇÃO 73

ção e expansão de instituições supranacionais, a universalização de padrões culturais e o equacionamento de questões concernentes à totalidade do planeta (meio ambiente, desarmamento nuclear, crescimento populacional, direitos humanos etc). Assim, o termo tem designado a crescente transnacionalização das relações econômicas, sociais, políticas e culturais que ocorrem no mundo, sobretudo nos últimos 20 anos (Muçouçah, 1995).

O sociólogo inglês Anthony Giddens define globalização como "a intensificação de relações sociais em escala mundial que ligam localidades distantes de tal maneira, que acontecimentos locais são modelados por eventos ocorrendo a muitas milhas de distância e vice-versa" (Giddens, 1990).

O professor português Boaventura de Sousa Santos, por sua vez, faz uma distinção entre localismo globalizado e globalismo localizado. O primeiro se refere à globalização bem-sucedida de um fenômeno local, como, por exemplo, a atividade mundial de empresas multinacionais, a transformação da língua inglesa em língua franca, a globalização da música popular ou do *fast food* americano, a adoção mundial das leis americanas de direito autoral sobre programas de computador. Já o globalismo localizado diz respeito ao impacto específico de práticas transnacionais sobre condições locais que se desestruturam ou se reestruturam para atender aos imperativos transnacionais. São exemplos os enclaves de livre comércio, desmatamento e destruição de recursos naturais para pagar a dívida externa, uso turístico de sítios históricos e ecológicos, conversão de agricultura sustentável para agricultura de exportação como parte dos "ajustes estruturais" exigidos pelo FMI (Santos, 1995).

A globalização implica uma nova configuração espacial da economia mundial, como resultado geral de velhos e novos elementos de internacionalização e integração. Mas se expressa não somente em termos de maiores laços e interações internacionais, como também na difusão de padrões transnacionais de organização econômica e social, consumo, vida ou pensamento, que resultam do jogo das pressões competitivas do mercado, das experiências políticas ou administrativas, da amplitude das comunicações ou da similitude de situações e problemas impostos pelas novas condições internacionais de produção e intercâmbio. As principais transformações acarretadas pela globalização situam-se no âmbito da organização econômica, das relações sociais, dos padrões de vida e cultura, das transformações do Estado e da política.

Outros aspectos são as migrações e viagens internacionais, multiplicação dos contatos e das redes de comunicação, multiplicidade de relações e organizações interestatais, o número crescente de redes de organizações não governamentais, difusão de novas tecnologias, internacionalização do conhecimento social e novas formas de interdependência mundial. Entre esses elementos não econômicos destacam-se a expansão da democracia e, sobretudo, a deterioração ecológica do planeta, que passou a constituir uma das bases fundamentais da globalização, talvez a mais importante, à medida que tanto suas causas quanto seus efeitos são globais.

Em conjunto, esses elementos dão lugar a uma nova configuração objetiva do espaço mundial global, expressando uma nova etapa do desenvolvimento das forças produtivas internacionais, do capitalismo, das relações políticas e entre as nações (Dabat, 1994).

Segundo o professor Otavio Ianni, o mundo vai se transformando em território de tudo e de todos, onde tudo — gente, coisas e ideias —, tudo se desterritorializa e reterritorializa, adquirindo novas modalidades de territorialização. À medida que a sociedade global debilita o Estado nacional, reflorescem identidades, passadas e presentes. A ressurgência de nacionalismos, regionalismos, etnicismos, fundamentalismos e identidades enraíza-se no horizonte dos rearranjos e tensões provocados pela emergência da sociedade global. Ianni, na mesma direção do sociólogo americano Roland Robertson, afirma que a globalização "não significa homo-

CIDADANIA E GLOBALIZAÇÃO          75

geneização, mas diferenciação em outros níveis, diversidades com outras potencialidades, desigualdades com outras forças" (Ianni, 1995).

Já se disse que o desenvolvimento capitalista é caracterizado pelo aparente paradoxo de ser estreitamente ligado à formação dos Estados nacionais-territoriais, ao mesmo tempo que os limita, devido às suas características centrais. O processo de socialização global que daí resulta acelerou-se consideravelmente nas últimas décadas, entrando cada vez mais em conflito com a forma de organização, predominantemente estado-territorial, da política.

A intensificação da socialização global nas últimas décadas baseia-se na expansão da tecnologia de informação como tecnologia-chave, tornando possível uma nova etapa de globalização: a dos processos econômicos/empresariais e a dos mercados financeiros. Além de uma mera internacionalização do capital, o processo de globalização toma fisionomia de uma socialização global. O novo padrão de acumulação de uma sociedade mundial pós-fordista (novas tecnologias que permitem maior diversificação da produção e adaptação a preferências culturais diferentes) acelera os processos de interdependência transnacional, principalmente no campo da informação, computação e comunicação (Hein, 1994).

A "internacionalização", seja na interpretação liberal ou socialista, acompanha-se de um universalismo que historicamente significou ocidentalização: foram as teorias, aspirações e utopias da Ilustração ocidental que se impuseram ao resto do mundo. Foi também um universalismo parcial que priorizou ou marginalizou estruturas sociais, processos e movimentos sociais particulares, não chegando a um acordo com tradicionalismos ou particularismos.

Tais conceitos de internacionalização são também bidimensionais, porque dependem de uma compreensão horizontal de espaço — espaço como lugar —, e o lugar privilegiado é o Estado-Nação ou blocos de Estados. O distanciamento espaço-tempo é uma das fontes de dinamismo da

Modernidade, que é intrinsecamente globalizante. Tratar os Estados como atores pode dificultar a compreensão de relações sociais que não se encontram entre os Estados ou fora deles, mas simplesmente atravessam suas divisões, configurando uma vida social ao longo do tempo e do espaço (Giddens, 1990). O Estado-Nação é um fenômeno historicamente recente, que vincula os direitos e a comunidade ao território, mas sua supremacia sempre foi débil e está cada vez mais questionada por se contrapor a identidades, comunidades e valores mais locais e particularistas, ou mais gerais e não territoriais (democracia e pluralismo).

Nas tradições marxistas e liberais, o Estado-Nação e a sociedade são quase sinônimos e fornecem os parâmetros essenciais para a sociologia, de modo que os especialistas, tanto de "direita" quanto de "esquerda", tendem a compreender as "relações internacionais" como interestatais. Nos séculos XIX e XX, o internacionalismo se subordinou assim a um "mundo de Estados-Nação", e para os internacionalismos liberais e socialistas (inter-nacional-ismos), o futuro previsto era a supressão de fronteiras, a ocupação ou fusão de territórios, que levaria a superar as diferenças (leia-se "tradicionalismo" e "particularismo"). Estas tradições acadêmicas são incapazes de considerar a globalização, e estão cada vez menos aptas a explicar a multiplicidade de relações sociais que perpassam ou ignoram fronteiras.

Estamos longe da visão maniqueísta que apresenta o local como virtude, e o global como vício. O externo investe o interno, o local volta a definir o global. O seringueiro Chico Mendes, ecologista e sindicalista, mostrou ao mundo que as lutas ecológicas podem ser de vida ou morte, no sentido literal da expressão. Hoje os heróis locais podem também ser globais (Waterman, 1994).

O ponto de partida da globalização é o processo de internacionalização da economia, ininterrupta desde a Segunda Guerra Mundial. Por internacionalização da economia mundial entende-se um crescimento do comércio e do investi-

CIDADANIA E GLOBALIZAÇÃO 77

mento internacional mais rápido do que o da produção conjunta dos países, ampliando as bases internacionais do capitalismo (incorporação de mais áreas e nações) e unindo progressivamente o conjunto do mundo num circuito único de reprodução das condições humanas de existência.

A pré-história da globalização situa-se na década de 60, quando as áreas periféricas da economia mundial começaram a ser sacudidas pela expansão da empresa transnacional, pela "nova divisão internacional do trabalho", os empréstimos bancários "baratos" do mercado do eurodólar e o *boom* petroleiro mundial. Na década de 80, após a grande crise de meados dos 70/80, inicia-se uma nova história: o mundo industrial é sacudido por uma profunda reestruturação capitalista, sustentada tecnicamente na revolução informática e das comunicações, tornando possível a descentralização espacial dos processos produtivos. A nova tecnologia influi em todos os campos da vida econômica e revoluciona o sistema financeiro, pela conexão eletrônica dos distintos mercados.

Esse processo é complementado pelas privatizações, desregulamentação e "flexibilização" dos mercados, agudização da concorrência internacional entre capitais privados e capitalismos nacionais, compondo-se um quadro que modifica o funcionamento do mercado mundial, acelerando a internacionalização e gerando um conjunto de fenômenos novos, dentre os quais destacam-se: 1) a crescente unificação dos mercados financeiros internacionais e nacionais num circuito único de mobilidade de capital; 2) a acelerada regionalização do espaço econômico mundial; 3) a generalização de associações entre as corporações transnacionais de diferente base nacional; 4) e necessidade de coordenação das principais políticas econômicas nacionais, traduzida na criação do G-7. O resultado foi uma nova configuração espacial da economia mundial, que passou a nomear-se globalização.

Na segunda metade dos 80 e começos dos 90, dois fenômenos completarão as premissas espaciais da extensão da globalização ao conjunto do mundo: 1) a derrubada do socialismo de Estado na ex-URSS e no Leste europeu; 2) o desmoronamento dos nacionalismos corporativos do Terceiro Mundo, a partir dos processos conjugados de liberalização comercial e financeira, saída negociada da crise da dívida, estabilização financeira e monetária, e privatização massiva de empresas estatais.

Entre as principais transformações históricas geradas na configuração do espaço mundial, destacam-se: 1) a suplantação do espaço parcelado dos três mundos anteriores por outro unificado em torno do mercado mundial capitalista; 2) o surgimento do fenômeno complementar de macrorregionalização do mundo, ao redor de três principais áreas: América do Norte, Europa Ocidental e Ásia Oriental, e outras secundárias; 3) a destruição dos anteriores Segundo e Terceiro Mundos, dando lugar a uma nova polarização internacional entre países semi-industriais (de crescente peso na economia mundial) e países pré-industriais marginalizados (Dabat, 1994).

O sociólogo francês Alain Touraine denuncia a exploração ideológica da globalização vista apenas como processo econômico que faria submergir a política. Ele assinala que a globalização se apoia em quatro grandes transformações. A primeira é a criação de uma sociedade informatizada, com a difusão mundial de indústrias de comunicação que modificam nossa experiência do tempo e do espaço, a natureza das cidades e a relação entre culturas.

A segunda é a internacionalização do capital financeiro, que aufere mais lucros na movimentação de capitais do que no investimento produtivo. A terceira é a emergência de novos países industriais, sobretudo os Tigres Asiáticos, que associam abertura econômica do mercado com rígido autoritarismo político. E a quarta é a influência cultural norte-americana no resto do mundo. Touraine denuncia a campanha ideológica que estaria por detrás do processo de globalização (Touraine, 1996).

CIDADANIA E GLOBALIZAÇÃO 79

Já o filósofo alemão Jurgen Habermas se preocupa com a cidadania democrática como valor universal: para ele, inscrita no autoentendimento de Estado nacional existe uma tensão entre o universalismo de uma comunidade legal igualitária e o particularismo de uma comunidade cultural a que se pertence por origem e destino. Esta tensão pode ser resolvida, desde que os princípios democráticos priorizem um entendimento cosmopolita da nação como nação de cidadãos, em detrimento de uma interpretação etnocêntrica da nação como uma entidade pré-política.

Tendo em vista o crescente pluralismo no interior das sociedades nacionais e os problemas globais que os governos nacionais enfrentam no setor externo, "o Estado-Nação não pode mais fornecer a estrutura apropriada para a manutenção da cidadania democrática no futuro previsível". O que parece ser necessário é o desenvolvimento de capacidades para a ação política num nível acima dos Estados-Nação e entre eles (Habermas, 1995).

O Prof. Richard Falk, da Universidade de Princeton, nos EUA, assinala a existência de duas vias de globalização. Uma via autoritária, por ele chamada de "globalização por cima", conduzida pelos Estados dos países dominantes e pelas forças do mercado mundial.

Seriam exemplos desta via as respostas às ameaças às reservas estratégicas de petróleo no Oriente Médio, a expansão do GATT, a implementação coercitiva do regime de não proliferação nuclear, a contenção dos fluxos migratórios Sul-Norte, a diplomacia intervencionista no sentido Norte-Sul, a reforma da ONU concentrando poder no Conselho de Segurança e no FMI/Banco Mundial (ao mesmo tempo em que desconsidera as prioridades do Sul, suprimindo o Centro das Nações Unidas sobre Corporações Transnacionais, marginalizando a Assembleia Geral, a UNCTAD, o PNUD, a UNESCO), a dependência das reuniões de cúpula dos países do G-7 para estabelecer a política econômica mundial, apesar da não representação, nessas reuniões, de 80% da população mundial.

Haveria, por outro lado, uma "globalização por baixo", conduzida pelas forças democráticas transnacionais dedicadas à criação de uma sociedade civil global, como alternativa à economia global que está sendo desenhada pelas forças de mercado transnacionais. As forças sociais transnacionais, enquanto agentes da sociedade civil global, seriam os únicos veículos para a promoção do "direito da humanidade", inspirado numa concessão democrática e humanitária de desenvolvimento sustentável com proteção ambiental e social.

As esperanças da humanidade dependeriam da capacidade de a "globalização por baixo" enfrentar com eficácia a dominação da "globalização por cima" numa série de arenaschave que poderiam ser identificadas, em termos gerais, como a ONU (e outras instituições internacionais), a mídia e a orientação dos Estados (Falk, 1995).

# 2 — CINCO DIMENSÕES DA GLOBALIZAÇÃO*

## Econômica

Os agentes mais dinâmicos da globalização não são os governos que formaram mercados comuns em busca da integração econômica, mas os conglomerados e empresas transnacionais que dominam a maior parte da produção, do comércio, da tecnologia e das finanças internacionais.

---

*Não pretendemos, de modo algum, esgotar as dimensões da globalização. Em livro publicado em 1996, o Prof. Eduardo Viola afirma, na p. 10, que o processo de globalização tem seis dimensões: militar, política, econômica, cultural-comunicacional, ambiental e científico-tecnológica. Mais adiante, porém, na p. 17, reconhece treze dimensões: militar, econômico-produtiva, financeira, comunicacional-cultural, religiosa, interpessoal-afetiva, científico-tecnológica, populacional-migratória, esportiva, ecológico-ambiental, epidemiológica, criminal-policial e política (Ferreira, L. & Viola, E., 1996).

CIDADANIA E GLOBALIZAÇÃO 81

Em 1971, o volume de empréstimos internacionais de médio e longo prazos efetuados em todo o mundo pelo capital privado foi de 10 bilhões de dólares. Em 1995, chegou a 1,3 trilhão. Cresceu 130 vezes em apenas duas décadas e meia. O estoque de capital privado no mundo é de 10 trilhões de dólares. A circulação financeira internacional ultrapassou, em 1995, 1 trilhão de dólares por dia, para uma base de trocas efetivas de bens e serviços da ordem de 20 a 25 bilhões, o que significaria trocas 40 vezes maiores do que as que seriam necessárias para cobrir atividades econômicas reais.

O mercado tornou-se a matriz estruturadora da vida social e política da humanidade, sobrepondo-se às fronteiras nacionais. As "virtudes" do mercado são recuperadas como valor universal, e não mais como identidade nacional.

Quem comanda a economia global é cada vez mais o mercado financeiro: em última análise, são as grandes corporações, e não os governos, que decidem sobre câmbio, taxa de juros, rendimento da poupança, dos investimentos, preço de *commodities* etc.

O grupo dos sete países mais ricos do mundo (G-7), reunido em Lyon, na França, em fins de junho de 1996, emitiu um comunicado preconizando a "criação de dispositivos mais concretos e eficazes para enfrentar os riscos ligados ao funcionamento dos mercados financeiros no contexto da globalização". Segundo o presidente da França, Jacques Chirac, só as transações com divisas entre países movimentam, por dia, a soma de 1,2 trilhão de dólares, o que equivale a pouco mais do dobro do tamanho da economia brasileira (FSP, 29/06/96).

O mesmo comunicado recomenda à Organização Mundial do Comércio (OMC, ex-GATT) que vincule acordos comerciais "à obrigatoriedade de os países signatários respeitarem normas fundamentais de trabalho internacionalmente reconhecidas". A medida visa a atacar as exportações dos países pobres que se tornam competitivas pela utilização de mão de obra barata, baseada em trabalho quase escravo, exploração de crianças e de prisioneiros.

Nos países ricos, há um sentimento crescente de que o desemprego — ou, no caso norte-americano, a relativa estagnação salarial — se deve à invasão de produtos importados de países que pagam miseravelmente seus trabalhadores. Daí a tentativa — repudiada pelos países mais pobres — de incluir nos acordos da OMC a chamada "cláusula social", que impediria a exportação de mercadorias fabricadas com mão de obra semiescrava ou infantil.

Um documento preparado por 33 ONGs para a Conferência da Organização Mundial do Comércio (OMC), realizada em Cingapura, em dezembro de 1996, mostrou ser um mito que a liberalização comercial e os acordos da Rodada do Uruguai (1986/94) trouxeram prosperidade para todos. Para os países mais pobres, os resultados são negativos: 70 países têm hoje renda per capita menor do que nos anos 70 e 80.

O comércio mundial de mercadorias e serviços movimentou, em 1995, a formidável soma de 6,1 trilhões de dólares, o que representa um crescimento anual de 10%, desde a criação do GATT. A Conferência de Cingapura aprovou o Acordo sobre Tecnologia de Informação (ITA), que prevê a eliminação das tarifas de importação para produtos de informática até o ano 2000. Mas não tocou nos famosos subsídios concedidos pelo Governo dos EUA à produção agrícola norte-americana.

A retórica da retomada do "desenvolvimento" baseia-se na receita do grande capital: exportar mais, mesmo à custa do suprimento de alimentos básicos, importar mais (bens de luxo e consumo), pagar os juros da dívida externa para tranquilizar bancos credores e atrair novos investimentos estrangeiros, ainda que especulativos. Dificilmente se encontra referência às prioridades sociais (Rattner, 1995). A crise mexicana de 1994 tem sido citada como exemplo do fracasso dessa política de "reajuste estrutural" modelada no figurino do FMI.

A formação dos blocos regionais tem sido interpretada

CIDADANIA E GLOBALIZAÇÃO 83

como uma regionalização da economia, oposta à mundialização. Os principais são a União Europeia, a América do Norte (NAFTA), a Ásia-Pacífico e o Mercosul — que, no entanto, se formaram como uma reação das grandes potências ao acirramento da concorrência internacional.

A regionalização, como efeito da globalização, não pode ser compreendida sob as antigas teorias sobre as relações internacionais ou o imperialismo, mesmo que algumas manifestações sejam parecidas, como o aprofundamento das desigualdades no plano internacional, com a marginalização econômica de continentes, ou a relação de dominação/subordinação entre os países que compõem cada bloco.

Com efeito, na década de 90, o Sul transferia para o Norte pelo menos 20 bilhões de dólares por ano. Os preços baixos pagos por países industrializados pelas matérias-primas dos países em desenvolvimento traduziram-se em perdas para estes últimos que chegam a 40 bilhões de dólares por ano.

A ação corrosiva das forças do mercado sob a orientação das instituições de Bretton Woods contribui para distorcer as relações sociais e abalar as instituições políticas nacionais, criando condições favoráveis ao divisionismo político, à insegurança social — devida à pobreza e ao desemprego — e ao colapso da sociedade civil. Além disso, transforma as economias nacionais em territórios economicamente abertos, criando condições para a desintegração de nações inteiras. A substituição do mercado interno pelas importações e a desintegração do setor exportador pela queda dos preços de *commodities* vêm incentivando, em muitos países, o surgimento e fortalecimento de uma economia paralela com base no mercado de drogas e uma série de atividades ilícitas.

O chefe do DEA (Departamento de Combate às Drogas dos EUA), Thomas Constantine, declarou em março de 1995 que o comércio internacional de drogas movimenta 500 bilhões de dólares por ano, o que representaria o segundo maior comércio do mundo, abaixo apenas do de armas. A menor estimativa conhecida do comércio de drogas é de 100 bilhões de dólares, soma superior ao PIB da maioria das nações. A maior parte dos analistas aceita o valor médio de 300 bilhões de dólares, o que equivale à movimentação da indústria petroleira mundial.

As transferências eletrônicas e a desregulamentação dos mercados de câmbio de moeda estrangeira, por exemplo, facilitam a circulação e a reciclagem de dinheiro sujo e ilícito no sistema bancário internacional. As atividades legais e ilegais estão interligadas: o comércio ilícito permeia a malha das operações financeiras, e as atividades legais investem na aquisição de bancos e companhias comerciais envolvidas na lavagem de dinheiro ou diretamente ligadas a organizações criminosas. O mercado de tráfico de drogas nos anos 80 movimentava aproximadamente nos EUA 100 bilhões de dólares, gerando, nos países produtores da América Latina, mais divisas que a exportação de seus produtos nacionais.

A lavagem internacional de dinheiro proporciona o faturamento anual de 750 bilhões de dólares, somando-se o lucro de todas as máfias mundiais, baseadas em 23 países. Luxemburgo e Caribe seriam, segundo a ONU, os maiores lavadores de narcodólares do planeta (Arbex Jr. & Tognolli, 1996).

A abertura econômica, a integração dos mercados e a privatização têm sido apresentadas como a panaceia do desenvolvimento. As consequências sociais são graves: aumento do desemprego, queda dos níveis salariais, aumento da pobreza e da concentração de renda, conflitos sociais, degradação dos serviços públicos, deterioração da qualidade de vida, destruição ambiental.

## Política

Como o Estado continua sendo um ator fundamental da política internacional, os conceitos dominantes das ciências sociais são inadequados para compreender os fenômenos e

CIDADANIA E GLOBALIZAÇÃO          85

cenários transnacionais emergentes que extrapolam o plano econômico. O sistema internacional foi definido basicamente no século XVIII pelo tratado de Westfália, que conferia a cada Estado o direito de exercer sua soberania sobre territórios e populações, inexistindo uma autoridade mundial superior. Na segunda metade do século XX, desenvolveu-se uma série de instituições intergovernamentais de caráter global ou regional (ONU, União Europeia etc.), mas essas instâncias internacionais — embora possam ser consideradas embriões de autoridades mundiais — não têm poder real que vá além daquele outorgado pelos diferentes Estados.

É fora do sistema estatal internacional que está sendo criado um espaço público transnacional com base numa nova ética: assumir a defesa "nacional" como uma questão planetária. Para Eduardo Viola e Hector Leis, as Nações Unidas deveriam priorizar seus aspectos transnacionais e desenfatizar seus aspectos intergovernativos, pois uma instituição que pretende administrar uma ordem internacional mais racional não pode se basear exclusivamente em Estados-Nação.

E isto não apenas pelo fato de muitos governos não representarem seus povos, "mas também, e fundamentalmente, porque os problemas colocados pela desordem global da biosfera são complexos e multifacetados, necessitando uma abordagem interdisciplinar, intercultural, que as elites políticas geralmente não oferecem". Assim, "a opção pela soberania corresponde ao consenso do Velho Mundo do século XVIII, enquanto a opção pela ecologia corresponde a um consenso emergente e ainda incipiente, embora em processo de expansão rápida" (Viola, E., e Leis, H., 1991).

Do ponto de vista político, pode-se falar em crise global que atravessou três fases:

1) a primeira foi marcada pela queda dos preços dos artigos primários, pela crise da dívida e pelo empobrecimento do Terceiro Mundo. Como condição para a renegociação de

suas dívidas, os países em desenvolvimento adotaram os programas de "ajuste estrutural" do FMI-Banco Mundial, reduzindo o poder de compra interno, produzindo para o mercado externo e ocasionando o empobrecimento de milhões de pessoas. Tais programas foram acusados de contribuir para desestabilizar moedas nacionais e arruinar as economias dos países em desenvolvimento, agravando o *apartheid* social.

2) a segunda caracterizou-se pela quebra do bloco comunista e pela reinserção do Leste europeu e da ex-URSS no sistema global de mercado. O comércio entre os países do antigo Comecon, e entre o Terceiro Mundo e o antigo bloco comunista foi abortado. O mesmo receituário econômico que fora aplicado ao Terceiro Mundo foi imposto pelas instituições de Bretton Woods ao Leste europeu, Iugoslávia e ex-URSS, com efeitos econômicos e sociais perniciosos.

3) Como, do ponto de vista dos bancos internacionais, a "crise da dívida está oficialmente terminada", a década de 80 consiste, para vários países devedores, no início de uma "terceira fase" de crise, agravando-se a deterioração econômica e social. O pano de fundo, obscurecido pela mídia, é a relação existente entre o programa de ajuste estrutural do FMI-Banco Mundial e a crise econômica, a inquietação social, a luta étnica, o fundamentalismo religioso e a guerra civil que irromperam em várias partes do mundo em desenvolvimento, como na Somália, Iugoslávia e Ruanda. Não se estabelece, em geral, nenhuma relação entre esses conflitos e a anterior desintegração do Estado pelo peso do serviço da dívida externa e do ajuste estrutural (Chossudovsky, 1995).

Ao aprofundar a mercantilização das relações sociais, a atual reestruturação capitalista vem abalando a ordem jurídico-política e as diferentes instituições estatais e civis que a regulavam. Para além do colapso do estatismo burocrático do modelo soviético, tanto as instituições do *welfare state* — o Estado liberal-democrático de bem-estar social dos países desenvolvidos do Ocidente — como as dos países em vias de desenvolvimento que, pela regulação do Estado, promoveram uma modernização conservadora nas periferias do Primeiro Mundo industrializado, parecem se desestruturar diante do novo padrão de acumulação mundial e do processo de globalização. Os Estados nacionais ficam privados da possibilidade de articular uma política autônoma de desenvolvimento.

## Social

O século XX conduziu a economia global a uma encruzilhada: o processo de reestruturação econômica levou o mundo em desenvolvimento à fome, e grandes parcelas da população ao empobrecimento. A nova ordem financeira internacional parece nutrir-se de exclusão social e degradação ambiental. Os dados adiante são significativos:

- Na virada do ano 1996/97, 26,2 milhões de pessoas, fugindo da miséria e de inúmeras formas de discriminação, encontravam-se sob a assistência direta do Alto Comissariado das Nações Unidas para Refugiados (ACNUR). Deste total, 13,2 milhões são refugiados; os demais foram forçados a se deslocar em seus próprios países, repatriados ou atingidos por guerras.
- Em 1990, 20 milhões de pessoas no mundo morreram por causa da desnutrição. Quase 800 milhões de pessoas passam fome no mundo, e a cada minuto nascem na pobreza 47 bebês. Os maiores índices encontram-se na África subsaariana, com 459,1 milhões; na Ásia, com 262,4 milhões; e na América Latina, com 67,2 milhões.
- A Organização Mundial de Saúde informou, em novembro de 1996, que 6,6 milhões de crianças, menores de cinco anos, morrem anualmente de desnu-

trição — 18 mil por dia — enquanto dois bilhões de crianças sofrem de carência alimentar.

- Cerca de um terço da força do trabalho no mundo encontra-se ociosa. Segundo estimativas das Nações Unidas, há atualmente, nos países em desenvolvimento, cerca de 1,3 bilhão de pobres — cerca de 2 bilhões, na verdade, se considerarmos os que vivem próximos ao limiar da pobreza. Essa imensa maioria silenciosa representa mais de um habitante em cada três de nosso planeta.

- Calcula-se que, em nível mundial, as mulheres façam mais de 40 milhões de abortos por ano. Cerca de 26 a 31 milhões são praticados legalmente, contra 20 milhões feitos sem condições de segurança, responsáveis por 67.000 mortes.

- 2,5 bilhões de pessoas sofrem de doenças ligadas a insuficiência ou contaminação de água e à falta de instalações sanitárias.

- 600 milhões de pessoas na Ásia, na África e na América Latina ocupam habitações e moram em localidades cuja precariedade representa ameaça para a saúde e perigo de vida; 1 bilhão de pobres vivem em áreas rurais atualmente, mas até o ano 2005 nascerá, a cada segundo, mais 1 pobre em área urbana, o que vai acelerar o fenômeno da "urbanização da pobreza".

- A Conferência Mundial de Alimentação realizada em Roma, em novembro de 1996, divulgou que a América Latina ocupa a quarta posição em número de famintos — atrás do sudeste asiático, da Ásia Meridional e da África subsariana. São 67 milhões de latino-americanos em estado de desnutrição crônica. O Haiti encabeça a lista, com 69% da população (4,6 milhões de pessoas) passando fome.

- Em 2025, dois terços da população mundial viverão em cidades. Dos 20 maiores centros, 17 estarão na Ásia, na África e na América Latina.

- Nos países industrializados, o desemprego atinge 35

CIDADANIA E GLOBALIZAÇÃO    89

milhões de pessoas. Segundo estudo elaborado pela Organização Internacional do Trabalho (OIT) e divulgado em fins de 1996, há no mundo cerca de um bilhão de desempregados e subempregados, isto é, 30% de toda a força de trabalho existente.

* Dados da Pesquisa Nacional de Amostras por Domicílio (PNAD), divulgados pelo IBGE em dezembro de 1996, revelaram que, no Brasil, mais de meio milhão de crianças de 5 a 9 anos trabalham praticamente de graça. 92,2% dessas crianças não recebem remuneração alguma, embora trabalhem até 39 horas semanais, o que as impede de estudar.

Segundo o relatório de 1996 do Programa das Nações Unidas para o Desenvolvimento (PNUD), que analisou 174 países com dados referentes a 1993, as 358 pessoas mais ricas do mundo têm mais dinheiro do que países com 45% de toda a população do planeta. Dos 23 trilhões do PIB mundial em 1993, 18 trilhões pertencem aos países desenvolvidos, e apenas 5 trilhões aos subdesenvolvidos, onde vivem 80% da humanidade. Ainda segundo o relatório, dos 46 países que apresentaram taxas elevadas de crescimento, apenas 27 registraram aumento de emprego, sendo que 19, ou seja, 40% do total, tiveram crescimento sem emprego, casos, por exemplo, da Índia e do Paquistão.

Os líderes do G-7 fracassaram no tratamento das causas estruturais e na avaliação das consequências sociais da crise. A visão dominante entre os neoliberais é de que a recessão representa uma curva cíclica e temporária, e que o mecanismo de livre mercado assegurará a recuperação econômica. A pobreza, a fome, as guerras civis são negligenciadas como algo próprio dessas sociedades em transição, um estágio evolutivo doloroso rumo à democracia e ao livre mercado. Nenhuma conexão é feita entre o colapso das economias nacionais e o subjacente processo de reestruturação global. O aumento dos níveis de pobreza em todas as regiões do mundo não se deve à escassez de recursos econômicos. A capacidade produtiva da economia global é imensa: as inovações de alta tecnologia conduzem ao aumento da produção, mas ao mesmo tempo reduzem significativamente a necessidade de mão de obra na indústria e na agricultura, provocando elevados índices de desemprego e baixos salários. O desemprego "estrutural" é hoje uma tendência mundial da produção: as fábricas robotizadas não precisarão mais de tantos operários, e os escritórios informatizados poderão dispensar a maioria de seus datilógrafos, contadores e gerentes.

A globalização da pobreza ocorre em época de notável progresso tecnológico nas áreas de engenharia de produção, telecomunicações, computadores e biotecnologia.

Assim, pela primeira vez na história da humanidade, a agricultura mundial tem capacidade para satisfazer as necessidades alimentares de todo o planeta: a fome não é mais fruto da escassez de comida, pois existe uma superabundância global de gêneros alimentícios. Os grandes interesses industriais e financeiros estão em conflito crescente com os interesses da sociedade civil (Chossudovski, 1995).

Em suma, o atual padrão mundial de acumulação e desenvolvimento, assentado no domínio das informações, do saber e das novas tecnologias — e não apenas do capital e do poder de coerção —, reduz a oferta de empregos produtivos e reforça as tendências de exclusão social. Ao valorizar a competição que favorece o mais poderoso e/ou mais apto (e nesse sentido revalorizando a desigualdade em detrimento da solidariedade, da justiça e da equidade), a reestruturação em curso vem estimulando conflitos sociais, religiosos, nacionais, étnicos (Abreu, 1995), e transformando os trabalhadores em população descartável.

Simultaneamente, ocorre uma transferência espacial de investimentos para o Terceiro Mundo (mão de obra mais barata), 20% da população mundial sobrevivem com uma renda diária de menos de 1 dólar. O salário por hora de um operário chinês pode valer US$ 0,03, enquanto que na Alemanha é de US$ 12,32. Índia, Indonésia, Malásia, Vietnã, México e Rússia têm salários (por hora) inferiores a US$ 1.

Além disso, o uso de tecnologias que dispensam trabalho nos países industrializados (devido aos altos custos salariais e à concorrência) gera desemprego e limitação de imigrações. Segundo a Organização de Cooperação e Desenvolvimento Econômico, (OCDE), existem hoje mais de 35 milhões de desempregados nos países desenvolvidos. A Organização Internacional do Trabalho prevê a entrada de mais de 1,2 bilhão de pessoas no mercado de trabalho até o ano 2025: o desemprego urbano será o principal problema das cidades no século XXI.

Há uma tensão entre o processo de globalização e a política vinculada aos Estados nacionais e seus padrões sociais. Esta tensão é uma outra faceta da antinomia entre globalização e organização política em Estados nacionais (Hein, 1994).

Enquanto no plano internacional a economia opera basicamente livre de controles políticos, no plano nacional os governos são constrangidos a fomentar a "modernização" de suas economias, adaptando-as à chamada competitividade internacional. O resultado é o agravamento da crise social e o surgimento do que Habermas chamou de *underclass*: grupos marginalizados gradualmente apartados do restante da sociedade.

Habermas aponta para três desdobramentos possíveis da crise social. Em primeiro lugar, uma *underclass* cria tensões sociais a serem controladas por meios repressivos. Nos Estados Unidos, por exemplo, as prisões recebem 100.000 novas pessoas por ano, compondo um população de 1,3 milhão, e absorvendo dos contribuintes 35 bilhões de dólares anuais. Os Estados Unidos gastam seis vezes mais com prisioneiros do que o Brasil com as universidades federais (*Folha de S. Paulo*, 21/07/96).

Em segundo lugar, a degradação social tende a se espalhar dentro e fora das cidades, permeando os poros de toda a

92         Liszt Vieira

sociedade. Por último, a segregação das minorias, privadas de voz reconhecida na esfera pública, acarreta a erosão da força integrativa da cidadania democrática (Habermas, 1995).

## Ambiental

Verifica-se, no mundo de hoje, uma globalização crescente dos problemas ligados ao meio ambiente. O domínio do homem sobre a natureza aumentou consideravelmente com a industrialização. A produção industrial e agrícola, o desenvolvimento das biotecnologias, a urbanização acelerada produziram um impacto negativo sobre o meio ambiente. A atmosfera, os oceanos, os rios, os lagos, os lençóis de água, as florestas, a fauna e a flora estão cada vez mais ameaçadas. Um relatório apresentado ao presidente dos Estados Unidos em 1982 calculou que 15 a 20% das espécies do planeta terão desaparecido até o início do século XXI pela destruição de seus *habitats* naturais.

A atividade humana modificou radicalmente a configuração da camada natural das terras do mundo. A destruição indiscriminada de florestas e zonas verdes, a pastagem excessiva e a gestão inadequada das terras agrícolas conduziram à degradação de grandes extensões de terra.

A terra forma um todo frágil, onde todos os seres vivos são solidários. A diversidade biológica, social e cultural representa a riqueza da terra e a garantia de sua perenidade. A degradação intensiva de espaços naturais acarreta a destruição de certas culturas e até mesmo de povos inteiros. A industrialização, as queimadas e desmatamento de florestas, a extração de minérios, as grandes barragens destroem os ecossistemas, as plantas, os animais e os homens.

O desmatamento, a superexploração das terras cultivadas e o uso exagerado de terras para pastagem provocam a desertificação. Em 1990, estimava-se que estas atividades afetavam a terça parte da superfície dos continentes e mais

CIDADANIA E GLOBALIZAÇÃO 93

de 1 bilhão de pessoas, ou seja, 20% da população mundial. O grande líder da independência da Índia, Mahatma Gandhi, ao ser perguntado se, depois da independência, a Índia alcançaria o nível de vida da Inglaterra, respondeu que se a Inglaterra precisara de metade dos recursos do planeta para alcançar sua prosperidade, de quantos planetas necessitaria um país como a Índia?

Com efeito, um único país, os Estados Unidos da América, consome um terço da energia existente no mundo. Os 20% da população mundial, localizados nos países industrializados do hemisfério norte, consomem 80% da energia e emitem de 75 a 80% dos gases responsáveis pelo efeito estufa que provoca o aquecimento da atmosfera. Esse modelo de produção é impossível de ser imitado pelos países em vias de desenvolvimento, pois os recursos naturais são limitados.

O relatório do Instituto de Recursos Mundiais divulgado por ocasião do dia do Meio Ambiente de 1996 destacava, entre os principais problemas ambientais, o crescimento populacional, a contaminação, o desmatamento, as emissões do gás carbônico, a desertificação, a perda de biodiversidade e a pesca predatória. A contaminação da água é o problema mais grave dos países em desenvolvimento: 170 milhões de pessoas nas cidades e 885 milhões no campo não têm água limpa para beber ou cozinhar.

A poluição do meio ambiente não é, como se pensa, consequência direta do número de habitantes de um país. Os EUA, com 258 milhões de pessoas, poluem muito mais o meio ambiente do que a China, com 1,2 bilhão de habitantes. A poluição é consequência do modo de produção e vida da população, mais do que do seu número.

Alguns desequilíbrios ecológicos provocados pelas atividades econômicas podem ser percebidos imediatamente, como a desertificação, a erosão, a crise urbana, os riscos tecnológicos como o acidente nuclear de Chernobil, na antiga União Soviética, a explosão da indústria química Union Carbide em Bhopal, na Índia etc. Outros, porém, só serão percebidos com o tempo. É o caso do efeito estufa, da destruição da camada de ozônio que protege a atmosfera dos raios ultravioletas do sol, do esgotamento da diversidade biológica.

Os países ricos do Norte e os países pobres do Sul têm posições diferentes sobre a proteção ambiental. O Norte ressalta os perigos que ameaçam o meio ambiente do planeta e a responsabilidade comum de enfrentá-los. O Sul dá prioridade ao desenvolvimento e não quer a imposição, em nome do meio ambiente, de novos encargos a países endividados e pobres.

Na realidade, não se trata de escolher entre meio ambiente e desenvolvimento, mas sim entre diferentes formas de desenvolvimento, algumas das quais se preocupam com o meio ambiente, enquanto outras não. Os esforços internacionais para a preservação ecológica do planeta só serão bem-sucedidos se atenderem ao pré-requisito de mais justiça econômica para os países pobres.

Em 1970, a Conferência das Nações Unidas sobre Meio Ambiente em Estocolmo preocupou-se basicamente com a preservação de amostras significativas de ecossistemas, isto é, com unidades de conservação, como reservas florestais e parques naturais, e também com a proteção do meio ambiente contra a poluição, principalmente a poluição industrial da água e do ar.

A partir dos anos 70, intensificaram-se as lutas ecológicas de defesa ambiental: era a luta do cidadão pela qualidade da água, do ar e da terra, ameaçados de contaminação. A água, pela poluição industrial e pelo esgoto doméstico; o ar, pela queima do combustível dos automóveis e pelas chaminés das fábricas, e a terra, pelo uso indiscriminado de agrotóxicos e pesticidas.

Nos anos 80, a questão ambiental deixou de ser percebida como apenas local ou nacional. Surgiram os problemas globais, a degradação do meio ambiente em escala planetária.

O aquecimento da atmosfera terrestre — o chamado efeito estufa — é consequência do gás carbônico (dióxido de car-

CIDADANIA E GLOBALIZAÇÃO

bono — $CO_2$) liberado pelas indústrias e pelos automóveis. Devido ao "efeito estufa", é possível que, já no início do próximo século, as temperaturas médias globais se elevem a ponto de acarretar o abandono de áreas de produção agrícola e a elevação do nível do mar, que poderá inundar cidades costeiras e desequilibrar economias nacionais. Das emissões anuais de gases causadores do efeito estufa, 75 a 80% são provenientes dos países industrializados, que representam menos de 20% da população mundial.

Durante o Painel Intergovernamental de Mudanças Climáticas (IPCC) das Nações Unidas, realizado em Genebra no mês de julho de 1996, o especialista canadense James Bruce advertiu que o aumento de 2,5 graus Celsius na temperatura do planeta — previsto para os próximos 30 anos — provocaria uma queda no PIB de 1% a 1,5% nos países ricos, e de 2% a 9% nos países em desenvolvimento. A meta definida na Rio-92 de reduzir, até o ano 2000, os níveis de emissão de gases poluentes (queima de combustíveis fósseis) aos registrados em 1990, será alcançada apenas pela Alemanha, Suíça, Luxemburgo, Holanda e Grã-Bretanha, ficando a Dinamarca e a Suécia próximas aos níveis de 1990.

A camada de ozônio, que nos protege dos perigosos raios ultravioletas do sol, está sendo destruída pelos gases liberados pelos aparelhos de refrigeração e *sprays* em geral. São os chamados CFC (clorofluorcarbonos). A incidência direta de raios solares pode provocar diversas doenças, principalmente câncer de pele.

Cerca de 10% das terras potencialmente férteis do planeta já viraram desertos ou foram aniquiladas pela intervenção humana, enquanto 25% encontram-se em perigo. A degradação da terra e a desertificação reduzem a capacidade de produção de alimentos, e, consequentemente, o potencial de abastecimento alimentar em nível regional e mundial.

As florestas tropicais estão sendo destruídas, com importante perda de biodiversidade, para fins de produção e exportação de minério, madeira e carne. A cada ano perdem-se 8,5 milhões de hectares de florestas tropicais pelo desmatamento. Neste fim de século XX, o desmatamento é tanto, que supera em muito a velocidade de renovação dos recursos florestais globais do planeta. O desmatamento contribui pelo menos com 20% para o aumento do $CO_2$ atmosférico, enquanto o uso de combustíveis fósseis é responsável pelos 80% restantes. No total, são quase 25 milhões de toneladas de gás carbônico lançadas a cada ano na atmosfera por atividades humanas, quer dizer, 6,8 bilhões de carbono e seus equivalentes.

A Conferência das Nações Unidas sobre Meio Ambiente e Desenvolvimento realizada no Rio de Janeiro em 1992, a Rio-92, discutiu esses problemas e aprovou diversas Convenções, como a de Clima e Biodiversidade, e um Protocolo sobre Florestas, além de aprovar um Plano de Ação para o Desenvolvimento Sustentável, conhecido por Agenda 21. Na verdade, porém, a Rio-92 ficou aquém do que se esperava de uma conferência convocada para salvar o planeta. E a maioria dos governos nacionais está demorando para incorporar às suas políticas internas os resultados da Rio-92.

Com exceção da Holanda e dos países nórdicos, os países desenvolvidos não respeitam a proposta da Conferência das Nações Unidas — a Rio-92 — de destinar 0,7% do seu PIB para problemas de meio ambiente e desenvolvimento. Segundo dados da Organização para a Cooperação e o Desenvolvimento Econômico (OCDE) divulgados em junho de 1996, os EUA destinam menos ajuda (US$ 7,3 bilhões, 0,11% do PIB) aos países pobres do que o Japão (US$ 14 bilhões, 0,30% do PIB), a França (US$ 8 bilhões, 0,60% do PIB) e a Alemanha (US$ 7,5 bilhões, 0,36% do PIB).

Além de ser uma questão local e nacional, o meio ambiente é um problema global. Aproximadamente 1,3 bilhão de pessoas no mundo têm acesso unicamente a água contaminada; 2,3 bilhões de habitantes carecem de acesso a instalações sanitárias, e 1,5 bilhão carecem de lenha suficiente para cozinhar e para aquecimento.

CIDADANIA E GLOBALIZAÇÃO 97

A fumaça das fábricas norte-americanas destrói florestas no Canadá; um rio poluído na Alemanha traz prejuízos aos outros países europeus que atravessa; a contaminação nuclear de Chernobil abalou o mundo. A busca de um desenvolvimento com proteção ambiental é um dos objetivos estratégicos deste fim de século.

## Cultural

Segundo Renato Ortiz, a americanização do mundo é a tese mais conhecida sobre globalização. É divulgada tanto pelos adeptos convictos do *american way of life* quanto pelos que denunciam o imperialismo cultural norte-americano.

Disneylândia, calça *jeans*, McDonald's, *rock*, Coca-Cola, Ford e tantos outros produtos levaram à ilusão de julgar a globalização pelas aparências. É verdade que o complexo industrial-militar dos EUA, isto é, a associação da indústria com os interesses militares, e a dominação americana da produção e distribuição de filmes, TV, publicidade etc. são fatos verdadeiros. Mas não explicam por si sós as mudanças em curso na nova realidade mundial.

A ideologia que defende os valores norte-americanos e a crítica de esquerda ao imperialismo cultural têm em comum a ideia de que existe um centro difusor que irradia cultura para o resto do mundo. Os países desenvolvidos, principalmente os EUA, são vistos como núcleos difusores de cultura, e o resto do mundo como periferia. Os primeiros transmitem valores culturais que vão se chocar com os costumes locais ou nacionais, considerados verdadeiros (Ortiz, 1994).

Esta concepção fica presa à ideia de nação e não analisa a globalização como um processo real. A circulação de ideias e de objetos culturais pode ser melhor compreendida quando analisada em termos de mundialização, e não como difusão, desde que não se percam as relações da globalização com as instâncias de poder.

Uma das características da fase contemporânea da modernidade, que alguns chamam de "pós-moderno", é o descentramento, o enfraquecimento da ideia de centro, que não significa ausência de poder, mas sim novas formas de dominação baseadas na desterritorialização.

A velocidade das novas técnicas de comunicação eletrônica levou à unificação dos espaços, à intercomunicação dos lugares que se tornam globalizados. Cada local revela o mundo; o global sobrepõe-se e penetra o local, abrindo passagem para referências culturais globalizadas, do *jazz* ao *rock*, de Madonna a Michael Jackson, de Fellini e Godard a Spielberg, de Brigitte Bardot e Ingrid Bergman a Catherine Deneuve, de Humphrey Bogart e Marcelo Mastroianni a Mel Gibson e Harrison Ford, de Caruso a Pavarotti, de Pelé a Maradona, de Picasso a Andy Warhol.

Os objetos que fazem parte do cotidiano dos cidadãos perderam a territorialidade. Nos EUA, os americanos convivem hoje com carros japoneses, produtos europeus, roupas asiáticas. Automóveis de diversas marcas, por exemplo, são hoje produzidos de forma descentralizada, em vários países: desenhados em um país, montados em outro, componentes eletrônicos feitos em um terceiro, e diversas peças, como carburador, radiador, eixo de transmissão etc., provenientes de diferentes países.

Os 9.000 funcionários da empresa norte-americana Nike, que trabalham nos Estados Unidos, não costuram solas nem colam palmilhas. Trabalham em projetos de planejamento, *marketing* e funções de gerenciamento. A produção física dos sapatos é feita por 75.000 funcionários alojados em outras empresas fora dos EUA.

A empresa multinacional transformou-se em transnacional. Não há mais matrizes situadas num território nacional controlando subsidiárias estrangeiras. Não há mais quartéis-generais. A globalização acarreta mobilidade e descentralização. Uma empresa global opera em escala planetária, retirando de cada lugar o maior proveito, como mão de obra barata, por exemplo.

CIDADANIA E GLOBALIZAÇÃO 99

As dez maiores corporações mundiais — Mitsubishi, Mitsui, Itochu, Sumimoto, General Motors, Marubeni, Ford, Exxon, Nissho e Shell — faturam 1,4 trilhão de dólares, o que equivale ao PIB conjunto de Brasil, México, Argentina, Chile, Colômbia, Peru, Uruguai e Venezuela. Metade dos prédios desses grupos e mais da metade dos seus funcionários estão em unidades fora do país de origem, sendo 61% do seu faturamento obtidos em operações no estrangeiro. A abertura das economias transformou as multinacionais em empresas apátridas: 57% de seus empregados trabalham no exterior. As empresas transnacionais, que já chegam a 40.000, têm 250.000 filiais espalhadas pelo globo, faturando mais de 5,2 trilhões de dólares.

Não há mais grandes visões de mundo de validade universal. Os grandes mitos, ideologias e religiões universais se diluíram diante da fragmentação "pós-moderna". A centralidade, padronização, sociedade de massa, produção em massa do fordismo e totalitarismos são características da fase moderna pré-global. Já a descentralização, segmentação do mercado, produção "flexível" e pluralismo são características da fase atual.

Mas a fragmentação e o descentramento coexistem com a concentração econômica dos capitais e com a formação dos grandes oligopólios que dominam a economia mundial. Não se trata mais de produzir mercadoria para todos, mas de vendê-las globalmente para grupos específicos: eis o sentido da segmentação do mercado.

O sociólogo inglês Anthony Giddens diz que a globalização provoca um "desencaixe", um desenraizamento de certos segmentos sociais de uma nação, afastando-os dos grupos mais pobres que estão fora do mercado e interligando-os a outros segmentos sociais situados em outros países, criando, assim, um verdadeiro circuito mundial. Os ricos de São Paulo ou Rio de Janeiro estão mais próximos dos ricos de Nova York ou Paris do que de seus conterrâneos pobres que moram na periferia ou nas favelas de suas cidades.

Uma cultura mundial penetra os setores heterogêneos dos países, separando-os de suas raízes nacionais. A mundialização da cultura significa ao mesmo tempo diferenciação, descentramento, e padronização e segmentação (Ortiz, 1994), tanto no plano global como no local, que, como vimos, se fundem no conceito de "glocal".

A globalização rompe com as fronteiras nacionais, acaba com a divisão interno/externo. A cultura mundializada se internaliza dentro de nós. O espaço local "desencaixado" aproxima o que é distante e afasta o que é próximo, isto é, o local é influenciado pelo global, ao mesmo tempo que o influencia.

Os antropólogos se acostumaram a ver o local e o global, o particular e o universal como duas instâncias separadas, mantendo determinadas relações entre si e guardando cada uma a sua autonomia. Mas este modelo não consegue explicar o fenômeno da globalização contemporânea como um processo que engloba, na sua dinâmica complexa e contraditória, o particular e o universal, que se interpenetram, tornando inseparáveis as instâncias local e global.

# 3 — OS RISCOS PARA O PLANETA

Alguns dilemas graves estão hoje a exigir decisões estratégicas. Indicamos a seguir alguns deles.

a) patrimônio comum à humanidade x soberania nacional-territorial: os ecossistemas compartilhados constituem um patrimônio comum que excede o marco das soberanias nacionais, e sua durabilidade supõe uma exploração e uma gestão prudentes. Diante da ameaça a esses bens comuns (oceanos, espaços extra-atmosférico e antártico, camada de ozônio etc), restringiram-se os direitos de uso dos Estados,

CIDADANIA E GLOBALIZAÇÃO 101

limitando sua soberania sobre o próprio território, como é o caso da Convenções sobre Mudanças Climáticas e sobre Diversidade Biológica assinadas na Rio-92.

b) riscos: há problemas globais que afetam o mundo como planeta, pondo em perigo os elementos biofísicos necessários a seu funcionamento como ecossistema. A entrada na era nuclear, por exemplo, abriu uma nova problemática. A ação do homem sobre o meio ambiente, seja por razões de contaminação ou por utilização de recursos naturais não renováveis, foi objeto de questionamentos que conduziram à adoção do conceito de desenvolvimento sustentável durante a Rio-92, quando também se adotaram publicamente os princípios de "responsabilidade econômico-financeira do contaminador" e de "precaução". Desde os anos 70, a declaração de Estocolmo havia lançado princípios análogos, através da expressão de ecodesenvolvimento que buscava conciliar economia e meio ambiente, e o Clube de Roma denunciava a velocidade do esgotamento de recursos diante da fragilidade do ecossistema global, fazendo previsões catastróficas para 2050.

c) modelagem da vida social internacional/padronização produtiva e valores universais: a mundialização do mercado e a consequente concorrência contribuíram para a emergência de problemas comuns, confirmando as previsões sobre a convergência das sociedades industriais. A difusão da informática e as inovações tecnológicas modificaram o modo de produzir, administrar e trabalhar em toda parte; os padrões de consumo e a urbanização se generalizaram em sociedades outrora bem distintas, de forma que as nações dificilmente podem distinguir-se por seu futuro, mas apenas por sua história pregressa. Por sua vez, as exigências que visam à proteção humana, à defesa dos direitos de crianças e minorias, à busca de justiça, democracia e eficácia se transformam em valores universais amplamente compartilhados. Tais tendências, entretanto favorecem o aumento da brecha entre singularidades nacionais (que se enfraquecem) e aspirações universais (cada vez mais fortes).

d) extensão global dos problemas: problemas que afetam várias nações não podem ser solucionados nas fronteiras de um único país. Alguns fenômenos podem estender-se ao planeta inteiro devido à acentuada fragilidade do período presente, caracterizado por um contexto de saturação e forte interdependência: questões ambientais; questões de segurança, hoje mais vinculadas ao risco de proliferação nuclear, bacteriológica ou química do que a uma guerra mundial; desenvolvimento de drogas e de máfias; epidemias incontroláveis; deslocamentos massivos de população por razões econômicas, humanitárias ou político-militares.

As guerras e os conflitos desalojaram mais de três milhões de pessoas em 1970, e 15 milhões em 1990, provocando uma desorganização econômica e social nas suas vidas. Em alguns casos, a volta dessas pessoas a seus lugares de origem e sua reabilitação são impossíveis. A desertificação gera milhões de refugiados ambientais. Segundo a FAO, serão 150 milhões no ano de 2050.

e) função da base técnica/comunicação: conexões de satélites, sistemas informáticos, telecomunicações etc. compõem um sistema de comunicação que supera distâncias e tempo, transpondo a maioria de instrumentos de controle estatal e político. Essa base técnica, de grande fragilidade, embora favoreça o homem, coloca-o à mercê do acidente, permite tanto a difusão da cultura quanto os movimentos de capitais flutuantes, servindo de suporte aos fluxos transacionais, quer estatais, quer privados. Mas pode constituir um instrumento de vigilância do planeta e contribuir para pôr em marcha a governabilidade global.

Todos esses fenômenos são vinculados e coadjuvantes na progressão de uma tomada de consciência que, sem necessidade de romper com o marco nacional, reclama uma empresa planetária. As transformações históricas recentes (fim da Guerra Fria, Guerra do Golfo, queda dos regimes do Leste europeu) equivalem em impacto a uma Terceira Guerra

CIDADANIA E GLOBALIZAÇÃO          103

Mundial. A preocupação atual é a construção de uma ordem e de regras de jogo menos caóticas que tendam a uma nova organização do mundo (Rogalsky, 1994).

## 4 — OS EFEITOS POSITIVOS

Apesar da predominância econômica, o processo de globalização transcende os fenômenos meramente econômicos e deve ser entendido também em suas dimensões políticas, ecológicas e culturais. Afetando todas as esferas da vida, trabalho, educação, lazer, expressão artística, tecnologias, administração de empresas e instituições públicas — a globalização, como vimos, implica mudanças sociais e reestruturação da ordem mundial.

Há uma tendência a se confundirem os efeitos da crise mundial com os da globalização: Muitos autores rechaçam a globalização, atribuindo-lhe os principais males do presente, como crise social, desemprego, ruptura das solidariedades, proliferação da criminalidade, aniquilamento de culturas e valores tradicionais, e destruição do Estado-Nação. Esta visão tende a conceber a globalização como um fenômeno unilateral e negativo, imposto pelas empresas transnacionais e pelo neoliberalismo, violando os direitos dos povos. A formulação mais coerente desta visão é possivelmente a tese da "desconexão", de Samir Amin, para quem a globalização não deixa opção aos povos dos países periféricos além da ruptura (desconexão) com o mercado mundial.

Para uma visão diferenciada, devem-se distinguir, de um lado, os propósitos subjetivos das empresas transnacionais e governos que instrumentam a marcha da globalização, e, de outro, os aspectos mais profundos do processo, que expressam necessidades irreversíveis do gênero humano, como democratização e universalização dos direitos humanos, solidariedade internacional dos movimentos sociais, novas necessidades de desenvolvimento, maior cooperação e regulação mundial. A partir da compreensão desta diferença, podem-se formular quatro razões em favor da valorização positiva do fenômeno:

1) o processo de globalização é fundamentalmente o resultado de forças materiais e espirituais que não podem ser revertidas sem causar custos econômicos, sociais, ecológicos e culturais maiores que os causados pela globalização. O retorno a formas superadas de isolamento nacional e reversão burocrática das novas tendências afetaria o desenvolvimento das novas tecnologias, desorganizaria os encadeamentos produtivos, reduziria o nível de vida da população, favoreceria as soluções estatistas, burocráticas e autoritárias, bem como fenômenos diversos de regressão cultural.

2) a deterioração ecológica do planeta, as condições mundiais de salubridade, extrema pobreza e marginalização dos países mais pobres, explosão demográfica impõem a necessidade de maiores níveis de cooperação internacional, desenvolvimento tecnológico e investimento mundial. A solução dos problemas globais requer a reorientação da globalização, e não sua detenção ou reversão.

3) apesar de sua mesquinha forma atual, é a própria globalização e regionalização do mundo que tende a favorecer o crescimento econômico, a democratização política, o saneamento ambiental e a internacionalização dos movimentos sociais dos países em desenvolvimento. No caso dos países semi-industriais de baixos custos trabalhistas e recursos naturais, as novas condições internacionais lhes permitem crescimento industrial e fortalecimento de suas posições no mercado mundial e no sistema internacional (China, Coreia, Espanha, principais países da América Latina etc.). O caso dos países pré-industriais (como os africanos) é mais desfavorável, mas o isolamento e a autarquia econômica não seriam solução.

CIDADANIA E GLOBALIZAÇÃO  105

4) a globalização constitui a precondição objetiva das transformações futuras em direção a um mundo solidário e pacífico, uma vez que os povos consigam superar a atual forma antagônica do processo, imposta pela dominação do capital e das grandes potências (Dabat, 1994).

## 5 — O DECLÍNIO DOS ESTADOS NACIONAIS

Os Estados nacionais se enfraquecem à medida que não podem mais controlar dinâmicas que extrapolam seus limites territoriais. A interdependência mundial de diversos processos acaba reduzindo de fato seu poder de decisão, mesmo que de direito continuem senhores de seu espaço de jurisdição. Simultaneamente, ocorre o fortalecimento das instituições multilaterais — Banco Mundial, FMI, GATT —, cujo poder reside na influência que exercem sobre os agentes financeiros internacionais: o Banco e o FMI como tutores dos países endividados, através de programas de reajuste estrutural; o GATT, como instrumento do Norte para abrir os mercados do Sul, ao mesmo tempo que mantinha suas restrições protecionistas; e os três com a ideologia do "livre" comércio imposta como panaceia para os males da economia mundial.

A eclosão de diversos conflitos armados, em geral expressando disputas religiosas, étnicas ou territoriais, constitui uma fragmentação nacional que, segundo alguns, configura uma contratendência em relação aos processos de integração. Entretanto, a raiz dessa fragmentação está no enfraquecimento dos Estados nacionais, provocado, em última instância, pelas dinâmicas globais (Muçouçah, 1995).

Sendo a nação e os Estados nacionais produtos históricos, e não uma configuração "natural" de organização política, sua superação através de outras formas de organização deve ser vista como um processo histórico a tão longo prazo, tão conflitivo e pouco retilíneo quanto sua formação. Cabem aqui duas observações:

a) tendência à superação dos Estados nacionais: em face da dimensão dos atuais problemas econômicos, ecológicos e políticos, parece cada vez mais necessária a existência de instituições de alcance mundial que possam tomar e executar decisões democraticamente autorizadas. Há poucas razões, porém, para se supor que a transferência de soberania política das instituições nacionais às globais se produza com mais agilidade do que a formação dos Estados nacionais a partir de desunidas instituições feudais.

b) obstáculos à superação: os processos extensos de transformação política se complicam sobretudo pelo assincronismo histórico dos processos de desenvolvimento — se por um lado surgem organismos internacionais, por outro vivemos um renascimento de reivindicações nacionais (ex-URSS e Iugoslávia, p.ex.) ou mesmo de formação de Estados nacionais em muitas partes do Terceiro Mundo, onde a sua consolidação tem três dimensões principais: a consolidação para dentro (identidade nacional e social referida a um território); a consolidação para fora (delimitação de fronteiras); e a afirmação dos interesses nacionais frente à dominação político-econômica dos países industrializados.

Naturalmente, o processo de socialização global complica esses esforços de consolidação dos países jovens, que se confrontam desde o princípio com dependências econômicas que sobrepujam em muito seus territórios nacionais. Assim, o marco nacional só pode influir limitadamente sobre uma das funções fundamentais do Estado (inclusive sob o ponto de vista de sua legitimidade política ante a população): a promoção do desenvolvimento econômico.

Além disso, há tendências ao isolamento socioeconômico

CIDADANIA E GLOBALIZAÇÃO 107

e político-nacionalista no Primeiro Mundo: as sociedades industrializadas também utilizam as fronteiras nacionais para conservar seu bem-estar e para impedir um nivelamento da pobreza universal devido às pressões da integração (obstáculos às migrações).

Segundo o cientista político alemão Wolfgang Hein, o fim do Estado nacional é certamente previsível, mas não está à vista. Entretanto, os sintomas do seu declínio já são visíveis. Podemos resumi-los como se segue:

1) Com o crescimento da interconexão global, o número e a eficiência de instrumentos políticos à disposição dos governos tendem a declinar sensivelmente. O resultado é a redução dos instrumentos políticos que permitiam ao Estado o controle de atividades realizadas dentro e fora do seu território.

2) As opções que se oferecem aos Estados podem reduzir-se ainda mais, devido à expansão de forças e interações transnacionais que restringem a influência exercida pelos governos sobre a atividade de seus cidadãos. Por exemplo, o impacto do fluxo de capital privado através das fronteiras pode ameaçar políticas governamentais anti-inflacionárias e cambiais.

3) No contexto de uma ordem global altamente interconectada, muitas atividades e responsabilidades tradicionais dos Estados (defesa, administração da economia, comunicações, sistemas administrativos e legais) não podem ser assumidas e realizadas sem o concurso da colaboração internacional. À medida que as demandas apresentadas ao poder público cresceram nos anos de pós-guerra, o Estado viu-se cada vez mais confrontado com problemas políticos que não podem ser resolvidos sem a cooperação de outros atores estatais e não estatais.

4) Em consequência, os Estados tiveram que aumentar o grau de integração política com outros Estados (p.ex., a CEE, o Comecon ou a OEA) e adotar ou ampliar negociações, ar-

108 LISZT VIEIRA

ranjos e mecanismos internacionais para compensar os efeitos desestabilizadores provocados pelas decisões das instituições multilaterais (p.ex., FMI, GATT e outras agências internacionais).

5) O resultado de todo esse processo foi um grande crescimento das instituições, organizações e regimes que constituíram a base do sistema de governo (*governance*) global. Isso não significa a emergência de um governo mundial integrado. Há uma diferença entre uma sociedade internacional que contém a possibilidade de cooperação política e de ordem, e um Estado supranacional que detém o monopólio dos poderes coercitivo e legislativo.

A nova política global — envolvendo processos de tomada de decisão no interior das burocracias governamentais e internacionais; processos políticos desencadeados por forças transnacionais; e, por fim, novas formas de integração mundial entre Estados — criou um quadro no qual os direitos e obrigações, poderes e capacidades dos Estados foram redefinidos. As capacidades estatais foram ao mesmo tempo reduzidas e alargadas, permitindo ao Estado o cumprimento de uma série de funções que já não podem ser mantidas senão em conexão com relações e processos globais (Held, 1991).

Na perspectiva da globalização, o Estado liberal democrático é frequentemente caracterizado como um Estado capturado na teia da interconexão global, permeado por forças supranacionais, intergovernamentais e transnacionais, e incapaz de determinar seu próprio destino. Contudo, é importante frisar que a era do Estado-Nação de modo algum terminou, ainda que apresente sinais de declínio.

Outro sinal da persistência do sistema de Estados é a resistência dos governos em geral a submeter seus conflitos com outros Estados à arbitragem de uma "autoridade superior", seja ela a ONU ou qualquer organização internacional. No centro dessa "grande recusa" está a preservação do

CIDADANIA E GLOBALIZAÇÃO 109

direito dos Estados de declarar guerra e decidir sobre a questão da vida e da morte (Held, 1991).

Em suma, o processo de declínio é irregular: em alguns países, a política nacional será fortemente influenciada pelos processos globais, enquanto em outros, os fatores regionais ou nacionais continuam mais importantes. A persistência do Estado-Nação, no entanto, não significa que a soberania nacional não tenha sido afetada profundamente pelo choque de forças e relações nacionais e internacionais. As principais disjuntivas externas que condicionam esse processo são, segundo o professor inglês David Held, a economia mundial, as organizações internacionais, o direito internacional e as potências hegemônicas e blocos de poder.

A dinâmica das relações, processos e estruturas que constituem a globalização reduz ou anula os espaços de soberania, inclusive para as nações desenvolvidas do Primeiro Mundo. As fronteiras nacionais adquirem nova significação, refletindo um quadro mais amplo onde aspectos classicamente característicos do Estado-Nação são radicalmente transformados. As condições e possibilidades de soberania e projeto nacional passaram a estar determinadas por instâncias supranacionais, por exigências de instituições e corporações multilaterais, transnacionais ou propriamente mundiais, o que traz mudanças substantivas na sociedade nacional, transformada em província global.

Para Otavio Ianni, no contexto da globalização algumas noções sofrem uma espécie de obsolescência, total ou parcial, como é o caso do Estado-Nação, que entra em declínio como realidade e conceito. Coloca-se, então, ao pensamento o dilema de avaliar se está havendo ou não uma ruptura histórica em grandes proporções. A soberania do Estado-Nação "não está sendo simplesmente limitada, mas abalada pela base". Segundo Ianni, aos poucos "a sociedade global tem subsumido, formal ou realmente, a sociedade nacional" (Ianni, 1995).

# 6 — RUMO À SOCIEDADE CIVIL GLOBAL

Expressão de uma crescente necessidade internacional de regulação, que o sistema vigente não podia satisfazer, as organizações governamentais e não governamentais proliferaram rapidamente. De 1939 a 1980, as organizações governamentais aumentaram de 80 para mais de 600, enquanto as ONGs cresceram de 730 para 6.000. Dos anos 80 em diante, esse crescimento é ainda mais impactante. Este é um dos fatores que, ao lado de alguns outros (degradação ambiental global, erosão da hegemonia norte-americana, dificuldades de integração do Leste europeu na "nova ordem mundial"), apontam para a revisão do sistema internacional.

Apesar das tendências à constituição de uma função pública transnacional, o Estado nacional/territorial continua sendo a instância central de legitimação do poder e o destinatário de demandas da população. Consequentemente, ao mesmo tempo que origina problemas sociais, econômicos e ecológicos — cuja solução os cidadãos exigem do Estado —, a socialização global reduz cada vez mais a capacidade dos Estados nacionais para resolver problemas. A solução desses problemas parece exigir uma "nova ordem mundial", formas adequadas de coordenação política inter e transnacional, sem as quais são inevitáveis catástrofes de dimensões globais (catástrofes ecológicas, novas formas de terrorismo etc.).

A necessidade de regulação política global não significa perda de significado do Estado nacional: no Terceiro Mundo, seu papel é, em princípio, promover o desenvolvimento econômico e político; as iniciativas de socialização global, além de acarretarem maiores exigências ao Estado, geram também incertezas e inseguranças que vêm reforçar a necessidade de identidade nacional enquanto não surgem novas identidades em outros níveis.

Mas o Estado não detém mais o monopólio do espaço público. A expansão das ONGs internacionais pode ser vista

CIDADANIA E GLOBALIZAÇÃO

como um ponto de partida para orientações políticas globais (ou, ao menos, que excedam o nacional), e, portanto, também como núcleo para o surgimento de uma sociedade civil internacional. Este fenômeno, porém, ainda é limitado. Novos problemas acabam por exigir novas instâncias de decisão: enquanto o perigo de uma catástrofe global parecia provir apenas de uma possível guerra atômica, a coordenação política internacional vigente pode ter sido suficiente, pois incluía sobretudo as relações militares Leste-Oeste. Hoje, porém, surgem novos cenários que parecem difíceis de superar nos limites institucionais vigentes, como, por exemplo, as ameaças ao ecossistema global e os perigos de uma desestabilização político-social de dimensão universal, devido às crescentes desigualdades sociais. Neste contexto, uma transferência pelo menos parcial da soberania para instâncias de decisão efetivas, democraticamente legitimadas em nível global, parece inevitável a médio ou longo prazo (Hein, 1994).

## A Esfera Pública Transnacional

Ainda não surgiu nenhuma instituição com legitimidade suficiente para desempenhar em escala mundial o papel regulador que os Estados exercem nacionalmente. Após a Guerra Fria, a ONU vem assumindo posições mais ativas, com intervenções militares ou conferências para discussão de problemas globais — Eco-92 no Rio, Conferência dos Direitos Humanos em Viena, Conferência de População no Cairo, Cúpula Social em Copenhague, Conferência das Mulheres em Pequim etc. Embora de eficácia questionável, as conferências têm contribuído para a criação de um espaço público mundial para o equacionamento de questões planetárias.

A constituição dessa esfera pública global tem permitido a emergência de um ator imprescindível ao processo de globalização: a *sociedade civil*. Estamos nos referindo aqui à multiplicidade de organizações que, seja em nome dos direitos de determinados grupos sociais, seja dada noção de bem comum, não se submetem nem às razões de Estado nem aos mecanismos de mercado — sobretudo as ONGs e os movimentos sociais, que vêm se articulando mundialmente. A articulação transnacional da sociedade civil consiste hoje numa das poucas formas de resistência aos desequilíbrios gerados pela globalização, pois seus princípios éticos apontam para a instituição de direitos a serem universalmente reconhecidos. Para o sociólogo Paulo Sérgio Muçouçah, "talvez isto seja a invenção de uma espécie de cidadania planetária, que pode ser a base de uma democracia em escala mundial" (Muçouçah, 1995).

O Estado e o mercado, sozinhos, parecem sem condições de enfrentar a crise econômica, social e ambiental em que estamos mergulhados, e de resolver os desafios colocados pelos novos tempos. A sociedade está sendo chamada cada vez mais para formular alternativas. A mesma crise que enfraquece o Estado nacional tende a fortalecer as organizações da sociedade civil.

O que significa uma sociedade civil global? A globalização implica a importância crescente do nível supraterritorial, ou aterritorial, das instâncias globais, e portanto, a possibilidade e necessidade de desenvolvimento de uma sociedade civil global, o que significa uma esfera que seja não capitalista/ não Estado ou anticompetitiva/anti-hierárquica para os esforços democráticos. Daí, as discussões sobre a reforma da ONU e de instâncias interestatais; sobre novos padrões, como o direito de comunicar-se; sobre o funcionamento dos movimentos sociais globais; sobre a inter-relação das organizações interestatais, as ONGs e os movimentos sociais globais, que vão além dos distritos eleitorais/territoriais.

A sociedade civil global não é um paraíso de liberdade desterritorializada, solidariedade, preocupação ecológica ou tolerância pluralista. Mas pode ser o espaço para civilizar e superar as estruturas/processos/ideologias capitalistas, estatistas, tecnocráticas etc. É antes um *habitat* que deve ser construído contínua e coletivamente, do que uma estrutura

Já existente e representada, ainda imperfeitamente, pelos movimentos sociais internacionais.

O desenvolvimento de uma sociedade civil global depende e, ao mesmo tempo, estimula a democratização, a desconcentração e a descentralização das organizações interestatais e instituições capitalistas globais. Uma sociedade civil global requer a noção de cidadania planetária, que já não pode ser simplesmente o universalista religioso, o cosmopolita liberal ou o internacionalista socialista. A transição gradual do capitalismo industrial ao de informação, as múltiplas crises de crescimento e uma propagação da consciência ecológica impõem a necessidade de alternativas em busca de uma política eticamente informada e consciente.

*Last but not least*, a construção de uma esfera pública transnacional estará balizada por dois importantes princípios: o interesse público internacional e o patrimônio comum da humanidade. Os direitos humanos e o interesse público internacional erguem limites à afirmação das soberanias, e, segundo Celso Lafer, se expressam "através da instauração do ponto de vista da humanidade como princípio englobante da comunidade mundial" (Monserrat Filho, 1995).

A noção de patrimônio comum da humanidade também reconhece interesses superiores da comunidade internacional em face do impasse entre interesses públicos e privados internacionais. Os dois princípios acarretam uma revolução no Direito Internacional Público, tradicionalmente baseado no conceito de soberania, ao transformá-lo em Direito Geral da Humanidade ou, retomando a expressão romana, Direito das Gentes.

## Os Movimentos Sociais

Segundo Anthony Giddens, a etapa contemporânea é de modernidade alta ou radical, caracterizada como o período do capitalismo de informação, complexo, globalizado e de alto risco. A globalização provocou um descentramento do poder em nível internacional: ele reside cada vez menos em um cenário territorial unificado, ou em um sujeito privilegiado único (como a burguesia internacional), ou em um determinante primário (p. ex., militar/estratégico), ou em um nível primário (p. ex., o Estado nacional).

Não se pode mais continuar entendendo a ordem mundial como assunto de relações entre Estados ou blocos hegemônicos. É necessária uma visão que considere as complexidades das relações entre tempo e lugar e as ambiguidades do espaço como lugar. A teoria da globalização requer uma teoria multidimensional do espaço, de um processo simultâneo de âmbito e intensidade espaço-tempo (Giddens, 1990, e Harvey, 1994).

As relações sociais em cada localidade sofrem crescentemente, mesmo que de modo diverso, o impacto de eventos e processos distantes; e esta relação de entremeamento também é notável entre classes, grupos étnicos e sexos. Jeremy Rifkin chega a falar em "guerras de tempo": a sociedade se distancia da natureza, e adquirem maior poder aqueles que literalmente controlam o tempo. A crescente hegemonia global do tempo, definido e controlado por computador, aumenta a necessidade da democratização do lugar e do tempo (Waterman, 1994).

O reconhecimento do crescente alcance e intensidade das relações de espaço e tempo, de uma socialização global cada vez mais interdependente, torna arcaicas as noções tradicionais e simplistas do mundo social e sua transformação. Os determinismos de classe, econômico e tecnológico, o insurrecionalismo político e o apocalipticismo global parecem hoje superados pelos novos movimentos sociais que começam a apresentar respostas mais complexas às preocupações globais.

A globalização provoca, por um lado, movimentos democráticos, pluralistas e progressistas, que assinalam a possibi-

CIDADANIA E GLOBALIZAÇÃO 115

lidade de alternativas pós-modernas (pós-militaristas, pós-industriais, pós-capitalistas) e a descoberta de expressão política coletiva. Por outro lado, origina movimentos autoritários, militaristas e apocalípticos (religiosos e seculares, de direita e de esquerda), que tentam negar uma modernidade capitalista globalizada (ex. Sendero Luminoso, no Peru, e os movimentos fundamentalistas, fascistas e racistas em muitos países).

Um capitalismo de informação global parece oferecer terreno mais favorável aos movimentos sociais do que o capitalismo industrial internacionalizado. O poder dos novos movimentos em nível local, nacional e internacional radica mais em suas novas ideias, valores e princípios organizacionais, que revelam um entendimento implícito e uso das tecnologias de informação. Assim, os novos movimentos de solidariedade global são em grande parte "internacionalismos de comunicação" (Waterman, 1994).

# 7 — AS ORGANIZAÇÕES NÃO GOVERNAMENTAIS NO ESPAÇO GLOBAL

Segundo diversos estudiosos da globalização, o sistema político mundial necessita da sociedade mundial. A sociedade civil é condição para o desenvolvimento de uma função pública internacional democrática: só serão criadas as bases para superar as contradições entre a socialização global e a organização política em Estados nacionais quando as instituições globais começarem a ser destinatárias das demandas de uma maioria pobre que se auto-organiza nos atuais países em desenvolvimento.

Isto pressupõe que ao desenvolvimento da função pública a partir de cima (instituições e regimes internacionais controlados pelos países industrializados dominantes) se oponha, a partir de baixo, uma sociedade civil mundial cada vez mais forte (mediante maior expansão e coordenação do trabalho das ONGs internacionais entre outras coisas), a qual se converta na base para o desenvolvimento da função pública democrática em escala mundial. Para W. Hein, "a tentativa de conjurar a ameaça ao meio ambiente mediante uma política de desenvolvimento sustentável pode converter-se no veículo central de um espaço público global democrático, pois essa tentativa, quando séria, implica uma nova ordem econômica e social em nível mundial" (Hein, 1994).

A crise global e a constatação de que somente o Estado e o mercado não vão resolvê-la tendem a fortalecer o papel das ONGs, enquanto organizações da sociedade civil, na construção de alternativas e de mecanismos de cooperação internacional.

As ONGs estão vivendo um processo de construção de sua identidade política como agentes nesse processo de globalização, onde sua participação é ainda irregular. Elas participam fazendo *lobby* nas grandes organizações internacionais, na ONU, nas organizações multilaterais; ajudando na formulação de políticas ou de decisões quanto a projetos, mas não estão ainda articuladas e coordenadas para tornar essa atuação eficaz politicamente no plano internacional. Por isso, pode-se dizer que as ONGs, embora ainda não o sejam, tendem a ser atores no processo de globalização, principalmente no que diz respeito à construção de uma nova institucionalidade política global.

Nas reuniões internacionais, não existem procedimentos uniformes para a participação das ONGs, que conseguiram se integrar em contextos decisórios de variadas formas. Em muitos países, em geral do Ocidente (Canadá, Holanda, Suécia, França etc.), já é rotina a inclusão de representantes de ONGs nas delegações nacionais às conferências internacionais. Eles participam diretamente das negociações como representante da delegação nacional, com a designação de

CIDADANIA E GLOBALIZAÇÃO 117

"membros públicos". Metade das delegações do Canadá e dos EUA na Conferência sobre População no Cairo (setembro 94) era composta de representantes de ONGs. Existe, entretanto, segundo algumas organizações, o perigo de cooptação, o que explica a recusa dos grupos de direitos humanos em participar das delegações governamentais.

Os países de tradição autoritária são mais herméticos e impermeáveis à influência das organizações da sociedade civil. O processo das conferências das Nações Unidas, porém, inaugurado com a Rio-92, forçou muitos governos, inclusive o Brasil, a se abrirem ao diálogo com as ONGs. Posteriormente, o governo brasileiro, a exemplo dos países mais democráticos do Norte, convidou representantes da sociedade civil para integrar a delegação do Itamaraty nas Conferências sobre População no Cairo (94), Cúpula Social em Copenhague (95), e Mulheres em Pequim (95), o que jamais ocorrera antes dos anos 90.

Wally N'Dow, secretário-geral da Conferência Habitat II, realizada na cidade de Istambul, em junho de 1996, afirmou ter havido uma revolução na forma de trabalho da ONU, pois pela primeira vez as autoridades locais e as ONGs tiveram assento e voz no plenário de uma Conferência das Nações Unidas, embora sem direito a voto. Para ele, o principal avanço obtido foi a presença de novos parceiros na mesa de negociações.

Além das conferências, as ONGs participaram de diversos grupos de trabalho que definiram normas, diretrizes e regimes de proteção. A Convenção dos Direitos da Criança, por exemplo, teve participação direta da entidade Save the Children International, além de outras ONGs. Desde 1968, uma série de ONGs tem *status* consultivo junto à Comissão Econômica e Social da ONU. A Declaração de Estocolmo de 1972 e a Convenção de Biodiversidade da Rio-92 partiram de documentos elaborados pela União Internacional pela Conservação da Natureza. Os povos indígenas têm representação direta na Comissão de Direitos Humanos, as organizações de mulheres alcançaram vitórias expressivas na Conferência sobre População do Cairo, as organizações ambientalistas participam das reuniões da Comissão de Desenvolvimento Sustentável.

Como foi assinalado no Fórum de ONGs Internacionais estabelecidas no Canadá, os dirigentes de ONGs têm mais força do que a maioria dos governos de pequenos países. O secretário-geral da Anistia Internacional ou do Greenpeace, por exemplo, tem mais poder de influência no cenário internacional do que muitos países do Terceiro Mundo (Foy & Régallet, 1995).

A inclusão das ONGs no processo de decisão não está formalizada, dependendo, não raro, da compreensão da presidência dos trabalhos e da tolerância das delegações nacionais. Ainda assim, documentos elaborados por ONGs são por vezes oficialmente apresentados em plenário através de um membro de um governo qualquer. As regras da ONU dificultam a participação direta das ONGs, sobretudo as do Sul. A ONU ainda não incorporou integralmente o espírito da Agenda 21, aprovada na Conferência da Rio-92, que dedica 10 de seus 40 capítulos à discussão sobre envolvimento dos chamados "grupos sociais principais" no acompanhamento, processamento e implementação das medidas de desenvolvimento sustentável aprovadas pelos governos.

Há uma série de propostas de reformas para assegurar a participação formal das ONGs nos organismos internacionais. Lembrando os precedentes da Organização Internacional do Trabalho (OIT) e da Organização para a Cooperação e Desenvolvimento Econômico (OCDE), essas propostas propugnam a extensão desse reconhecimento formal para outros contextos, como os órgãos da ONU, entidades internacionais de acompanhamento e monitoramento das decisões da ONU e das instituições de Bretton Woods, onde as ONGs teriam assento juntamente com governos e empresas.

As reformas propostas, incluindo o Direito de Petição para atores não estatais, assegurariam, mediante procedi-

CIDADANIA E GLOBALIZAÇÃO    119

mentos equitativos, a participação da sociedade civil nas reuniões intergovernamentais, no sistema das Nações Unidas e nas instituições financeiras internacionais. Os benefícios institucionais resultantes seriam evidentes, pois, segundo assinalou a Comissão sobre Governabilidade Global — uma iniciativa do ex-chanceler alemão Willy Brandt para analisar o sistema internacional —, um fator crucial na eficácia das organizações é a percepção de sua legitimidade, vinculada à participação e transparência em seu processo decisório e à natureza representativa de seus órgãos executivos.

Reivindicar a primazia da sociedade civil exige a articulação de valores humanos universais que vão além da dominação do Estado e das forças do mercado. Tudo indica que as ONGs têm um papel importante a desempenhar nesse processo. Direitos das mulheres, população, emprego, economia, meio ambiente, migração, todos são temas globais, que requerem fóruns globais para examinar as escolhas e decisões. As ações das ONGs tendem a fortalecer a autonomia e a capacidade das organizações da sociedade civil em todo o mundo. Elas estão enfrentando o enorme desafio de levar os problemas do nível local ao global e vice-versa.

É muito difícil criar políticas e mecanismos de coordenação entre organizações de culturas diversificadas. Apesar de todas as limitações, a emergente sociedade civil global pretende desempenhar um papel histórico importante como a consciência moral do planeta, sobretudo, por sua capacidade de expressar as necessidades e aspirações que se tornaram uma demanda social em todas as partes e propor as respectivas soluções.

O Serviço de Ligação Não Governamental das Nações Unidas publicou, em agosto de 1996, o Dossier *As Nações Unidas, as ONGs e a Governabilidade Global,* onde se constata que "as ONGs deixaram de ser marginais e chegaram à maturidade. Seus recursos financeiros para desenvolvimento provavelmente ultrapassam os da ONU. As ONGs contribuem para fixar agendas das Nações Unidas, influenciar suas decisões e mobilizar a opinião pública. A agenda de desenvolvimento humano elaborada durante as conferências da ONU representa, em grande medida, a agenda das ONGs".

Em síntese, existem fortes indicações de que as ONGs tendem a desempenhar um papel crescente nas negociações internacionais, como catalisadoras de mudanças destinadas a incorporar a sociedade civil no processo de tomada de decisões, e como instrumento de uma emergente cidadania planetária enraizada em valores humanos universais. As organizações não governamentais que atuam no plano internacional poderão, assim, contribuir para a constituição de uma nova institucionalidade política consubstanciada numa esfera pública transnacional.


# 8 — GOVERNABILIDADE GLOBAL E CIDADANIA PLANETÁRIA

A ideia de governabilidade global tem encontrado muitas resistências, principalmente nos países do Sul, onde a interdependência crescente, de dinâmica essencialmente econômica, tem se traduzido em maior dependência e menor governabilidade. A noção de *global governance*, como já vimos, não se confunde com a ideia de governo global de caráter centralizado. Trata-se antes de um sistema global de governo e tomada de decisões envolvendo os atores que atuam no cenário internacional.

Vivemos uma situação inédita, pois o problema não é mais apenas a articulação nacional/internacional, mas também a amplitude e intensidade dos problemas globais, além do acesso aos níveis de decisão pertinentes. Como o Estado soberano já não é a melhor instância para a tomada de decisões em escala planetária, torna-se imperiosa a necessidade de regulação em termos mundiais — uma governabilidade global —

CIDADANIA E GLOBALIZAÇÃO 121

para enfrentar os desafios impostos à humanidade e ao planeta.

Apesar disso, a "Nova Ordem Mundial" — prometida após a Guerra do Golfo e a queda dos regimes comunistas do Leste europeu — não passa hoje de um mundo fragmentado, conflituado, sem ordem coerente, e que parece orientar-se para a desintegração geral da sociedade planetária através da generalização dos conflitos intraestatais. A proposta de governabilidade global, encaminhada nos anos 80 a partir de questões de segurança e meio ambiente, não foi acompanhada de um esclarecimento sobre a natureza das instituições que assumiriam a tarefa, nem sobre a articulação dos Estados nacionais com estas.

Para o economista francês Michel Rogalsky, a governabilidade global parece esbarrar em três grandes paradoxos: a) supõe a existência de uma racionalidade identificável e controlável, num mundo fragmentado, com acentuadas divisões e interesses divergentes; b) como a governabilidade nacional perde terreno dia a dia, como subscrever compromissos sem a autoridade suficiente para cumpri-los?; c) diante da impotência crescente do sistema das Nações Unidas, como imaginar e construir uma instituição suplementar democrática, não submetida à influência dos Estados mais poderosos, das forças econômicas e financeiras, ou da comunidade científica? (Rogalsky, 1994).

Apesar do esvaziamento do perigo nuclear e do fim do conflito Leste-Oeste, a maioria dos problemas globais sobreviveu à guerra fria, trazendo à tona o que estava em segundo plano: a fratura Norte-Sul e os conflitos entre países desenvolvidos. Os desafios mundiais que persistem (proliferação nuclear, química, bacteriológica, ataques aos ecossistemas planetários, migrações massivas, fome, drogas, máfias, desemprego e exclusão social massiva) exigem uma cooperação internacional de fato, pois a mundialização dos problemas e dos comportamentos avançou mais rápido do que sua regulação.

Enquanto setores democráticos resistem à ideia de governabilidade global temendo um governo de especialistas que elimine o debate democrático e se transforme numa instância global totalitária — globalitária —, certas correntes ecologistas se deixam seduzir por argumentos de cunho ecofascista (p. ex.: Cousteau e a eliminação diária de 350.000 pessoas para estabilizar a população da terra).

Por outro lado, a maior parte dos Estados nacionais não costuma perceber a urgência de determinadas situações, como o risco ecológico. As controvérsias científicas retardam ainda mais as decisões que custam ou nem chegam a ser tomadas porque os diversos países não se sentem imediatamente ameaçados. Os governos democráticos, habituados a curtos períodos eleitorais, às exigências da mídia e a resultados imediatos, não se adaptam satisfatoriamente à necessidade de enfrentar problemas de longo prazo.

Mas o essencial é que somente através da cooperação internacional de todos os atores participantes do processo de globalização podemos esperar soluções. Isto aponta para a limitação das soberanias nacionais e para um compromisso soberano por parte dos Estados. A governabilidade global não se implementará contra as nações, mas, ao contrário, com nações capazes de comprometer-se de modo confiável. O desenvolvimento sustentável é uma dimensão planetária que requer a cooperação de nações, diversas e desiguais, com organizações, desiguais e diversas, da sociedade civil global.

Como afirmamos anteriormente, as três dimensões da atual discussão sobre a ordem mundial — a internacionalização da função pública, a reorganização das relações internacionais após o fim do conflito Leste-Oeste e uma ordem econômica mundial para o desenvolvimento sustentável — representam aspectos de um processo de transformação, mundial e a longo prazo, da função pública nacional em global. Este processo de transformação corresponde à tendência à globalização inerente ao capitalismo, e transcorre de modo assincrônico e contraditório.

Segundo W. Hein, o essencial é que o institucional acom-

CIDADANIA E GLOBALIZAÇÃO

panhe o socioeconômico e a política de poder, pois a transformação da função pública deve estar unida a uma transformação do modelo de acumulação, de modo a possibilitar um desenvolvimento ecologicamente sustentável do potencial de produção e a satisfação das necessidades, especialmente nas regiões pobres. Esta é a base para que o processo de socialização global, ainda parcial, possa conduzir a uma sociedade global, que por sua parte deve constituir o embasamento para a função pública global.

Um dos grandes obstáculos à globalização da função pública é o fato de a maioria dos habitantes do Terceiro Mundo não existir como sujeito político. Os chamados "riscos do Sul" podem levar a mecanismos globais de controle e repressão, o que demonstra o caráter contraditório do processo político de globalização (Hein, 1994).

Por outro lado, o conceito de desenvolvimento sustentável oferece significativa contribuição ao debate sobre uma nova ordem mundial e a globalização da organização política. Tal conceito, se pretende favorecer o objetivo de sustentabilidade fixado pelo Relatório Bruntland ("Nosso Futuro Comum"), isto é, satisfação das necessidades do presente sem comprometer as gerações futuras, deve conter, segundo Hein, quatro elementos decisivos para a ulterior integração social da sociedade mundial:

1) conceitos para um novo modelo mundial de acumulação/desenvolvimento, que reintegre grupos sociais ou regiões até agora marginalizados e possua um caráter ecologicamente durável;

2) organização política e integração desses grupos marginalizados, a fim de promover e garantir sua integração econômica e social;

3) desenvolvimento posterior de instituições políticas globais e sua crescente independência dos Estados nacionais (p. ex., recursos fiscais próprios), a fim de assegurar a estabilidade ecológica e as transferências econômicas necessárias;

4) transferências Norte-Sul de alcance significativo em nível de economia mundial, que facilitem os processos de transformação ecológicos e socioeconômicos no Sul e os que se fazem necessários no Norte (Hein, 1994).

Tudo indica que a socialização global, cujo processo de aprofundamento parece irreversível, exigirá, a longo prazo, seu equivalente em termos da função pública global. Mas não se trata de um desenvolvimento social abstrato, e sim de conflitos sociais e políticos intensos. Os resultados surgirão quando as instituições nascentes constituírem a base não apenas para uma solução regulada dos conflitos, mas também para o desenvolvimento sustentável, do ponto de vista ecológico e social.

Até que surja uma sociedade mundial que constitua um fundamento suficiente para a ampla transferência de soberania a um Estado global — compreendido não como governo central mas como sistema global de governo —, continuarão relevantes as questões de uma ordem mundial regulada pelas diferentes sociedades nacionais.

Em suma, é importante repisar que não há motivos para supor que a transferência da soberania política a instâncias globais transcorrerá de forma menos contraditória ou mais planificada que a formação dos Estados nacionais burgueses. Tampouco há garantia de que esse processo terá êxito; mas parecem remotas as possibilidades de uma reversão da globalização sem catástrofes globais.

As discussões sobre o Estado nacional não deveriam perder de vista as implicações a longo prazo do processo de globalização, e desta análise não se deveria inferir que o Estado nacional seja obsoleto. Do mesmo modo, a discussão sobre a estrutura institucional da política global deve levar em conta as tendências de se constituírem novos atores do processo de globalização — as organizações da sociedade civil global —, bem como as tendências mundiais de desenvolvimento socioeconômico. As tentativas de influir eficazmente

CIDADANIA E GLOBALIZAÇÃO 125

nestas últimas só terão perspectivas de êxito se ocorrerem mudanças nas estruturas institucionais da esfera pública transnacional, redefinindo-se, no plano global, as relações entre Estado, mercado e sociedade civil.

Um dos fatores que impedem o desenvolvimento de um sistema global de governabilidade é o chamado sistema das Nações Unidas, que entrou em crise por não responder mais às necessidades políticas do mundo de hoje. O sistema da ONU, de caráter internacional, bloqueia a emergência de um novo sistema transnacional de governabilidade, onde teriam participação ativa organizações vivas da sociedade civil (associações científicas, religiosas, entidades de classe, ONGs etc.).

Na opinião do Prof. Richard Falk, a regulação do mercado global muito dificilmente será alcançada sem uma bem-sucedida mobilização política e intervenção por parte das forças da sociedade civil. Os países do G-7 apoiam o vazio de regulação a nível global. A supressão do Centro das Nações Unidas sobre Corporações Transnacionais ilustra bem essa atitude antirregulatória. Para o Prof. Falk, a sociedade civil deve denunciar os abusos decorrentes dessa falta de regulação e resistir às iniciativas de globalização (NAFTA, GATT) que negligenciem o bem-estar dos setores sociais mais vulneráveis.

Outra necessidade fundamental é lutar pela reforma das instituições internacionais, especialmente as Nações Unidas, de forma a dar mais peso às perspectivas da sociedade civil global. Para isso, será necessário enfraquecer a influência geopolítica e de mercado em todas as fases das atividades da ONU, assegurando maior participação dos países do Sul e das forças sociais transnacionais empenhadas na promoção dos direitos humanos e da democratização.

A reforma do Conselho de Segurança da ONU começou a ser discutida nos anos recentes. Há pressões de Estados e de mercado para dar a duas superpotências financeiras, a Alemanha e o Japão, assentos permanentes no Conselho de

Segurança, e alguma disposição hesitante para dar a países populosos do Sul — Brasil, Índia e Nigéria são os mais mencionados — uma participação permanente de segunda classe (presença, sem direito a veto).

A perspectiva da sociedade civil global, ainda no entendimento do Prof. Falk, iria mais longe, propondo assento permanente para uma "superpotência moral" (designada por Prêmios Nobel da Paz), outro para um representante dos países economicamente mais desfavorecidos (segundo os índices do PNUD), um terceiro para um representante da sociedade civil global (selecionado por Prêmios Nobel da Paz alternativos), e um quarto para um representante da assembleia mundial dos povos indígenas (Falk, 1995).

# 9 — O DESENVOLVIMENTO SUSTENTÁVEL

Vivemos hoje uma crise ecológica global que ameaça a sobrevivência da vida no planeta. O modo industrial de produção, capitalista ou socialista, promove uma degradação ambiental sistemática pelo esgotamento de recursos naturais não renováveis e pela poluição generalizada de elementos vitais — ar, água, solo. A destruição da base material da produção caracteriza a crise ecológica como uma crise de civilização.

As teorias de desenvolvimento econômico do século XX, assim como as políticas econômicas decorrentes, sempre ignoraram a condicionalidade ambiental, considerada apenas mera externalidade. O pensamento econômico do século XIX ignorou o assunto. Nem Marx, Ricardo ou Adam Smith discutiram essa questão.

Mas o que a ciência econômica não percebeu, a literatura vislumbrou. Victor Hugo, em sua famosa obra *Os Miseráveis*, faz seu personagem Jean Valjean caminhar pelos esgotos de Paris comentando que 500 milhões de francos eram lançados por ano ao mar, enquanto o camponês da China reutilizava seus próprios excrementos, renovando a fertilidade do solo. Contrapunha, assim, uma economia de reciclagem a uma economia de desperdício (Castoriadis, 1994).

As teorias de desenvolvimento do século XX, baseadas na ideia de que somente o crescimento econômico poderia promover o progresso social, melhorar a qualidade de vida e reduzir as desigualdades, não foram confirmadas pela História. Ao contrário, o crescimento econômico trouxe consigo o aumento da pobreza e da desigualdade social.

A força ideológica da ideia de desenvolvimento — associado a crescimento, segundo o modelo dos países industrializados — tornou-se depois da Segunda Guerra Mundial uma força política inquestionável, só encontrando paralelo na ideologia do colonialismo no século XIX. As instituições financeiras de Bretton Woods passaram a controlar a política econômica dos Estados nacionais, considerados agentes fundamentais do processo de desenvolvimento.

O fracasso histórico do desenvolvimento, o reconhecimento da impossibilidade ecológica e econômica de os países subdesenvolvidos seguirem o caminho trilhado pelos países industrializados do Hemisfério Norte, abala a credibilidade das políticas neoliberais hoje em voga, reabrindo a discussão do papel do Estado, do mercado e da sociedade civil.

O predomínio político de uma lógica econômica exclusiva começa a sofrer sérios abalos. Está hoje na ordem do dia a discussão de um novo padrão de desenvolvimento que vai além da lógica econômica do crescimento, rejeitando os tradicionais indicadores quantitativos de produção, como o PIB, em benefício de indicadores de sustentabilidade. As Nações Unidas abandonaram o conceito de desenvolvimento econômico e passaram a utilizar as expressões desenvolvimento humano e desenvolvimento sustentável.

As próprias instituições multilaterais de Bretton Woods

(Banco Mundial, FMI, GATT) estão pressionadas a flexibilizar seus tradicionais critérios econômicos para incorporar uma dimensão socioambiental. Depois da Rio-92, que celebrou o casamento do ambiental e do social, a Conferência de Cúpula do Desenvolvimento Social, realizada pelas Nações Unidas em Copenhague, em março de 95, enfrentou uma pauta que incluiu, pela primeira vez, temas econômicos no mesmo plano que os sociais: emprego, renda e pobreza.

Uma análise estrutural extrapolando a lógica econômica tradicional não foi, porém, realizada pelos Estados, mas sim pelas ONGs presentes nessa conferência. Por outro lado, o direito à moradia foi aceito como parte dos direitos humanos na Conferência das Nações Unidas sobre Assentamentos Humanos (Habitat II), realizada em Istambul, em junho de 1996.

A eficácia das conferências da ONU na década de 90, contudo, é, no mínimo, discutível. As Conferências de Meio Ambiente (Rio, 92) e Direitos Humanos (Viena, 93) não produziram mecanismos efetivos de alcance global para assegurar a aplicação de suas resoluções. A responsabilidade pelo cumprimento das decisões foi transferida aos Estados, que não se sentem obrigados a nada que fuja a seus interesses nacionais (Leis, 1995).

O mesmo ocorreu com as Conferências de População (Cairo, 94) e com a Cúpula Social (Copenhague, 95), onde ficou claro que os países desenvolvidos não estavam dispostos a financiar os custos dos planos e programas derivados das resoluções aprovadas.

Na Conferência Habitat II (Istambul, 96), realizada pela ONU para resolver o problema das grandes cidades, onde 500 milhões de pessoas vivem sem casa, 600 milhões sem saneamento básico, e 2 bilhões sem energia elétrica, os países desenvolvidos se recusaram a fornecer novos recursos e dividiram a responsabilidade do financiamento social com seus novos parceiros: os governos locais, a iniciativa privada e as ONGs. Continuou valendo a decisão da Rio-92, que obriga-

CIDADANIA E GLOBALIZAÇÃO 129

ria os países ricos a destinar o percentual de 0,7% do PNB para financiar o desenvolvimento dos países pobres, mas que, na prática, quase não é cumprida.

Para o secretário-geral da Habitat II, Wally N'Dow, houve um grande avanço no funcionamento da ONU, pois pela primeira vez autoridades locais e ONGs tiveram assento e voz no plenário, embora sem direito a voto. E, segundo a organização canadense Conselho Internacional para as Iniciativas Locais no Meio Ambiente, mais de 1.500 cidades no mundo já adotaram os princípios estabelecidos na Rio-92 para suas políticas urbanas, e há em curso 16 campanhas nacionais para a adoção da Agenda 21. Na Suécia, 100% das cidades já são administradas sob as diretrizes da Agenda 21, na Inglaterra, 50%. No Brasil, mereceu citação a cidade de Santos, em São Paulo, onde a Agenda 21 foi usada como suporte na formação de comitês com representantes da sociedade civil para elaborar políticas, planos, projetos e discutir o orçamento.

Existe hoje uma consciência crescente de que é necessário substituir o atual padrão de desenvolvimento por outro que possa reduzir o desperdício, reciclar materiais, empregar recursos e energias renováveis, assegurando uma produtividade sustentada de longo prazo e promovendo a seleção de objetivos sociais de crescimento, sem prejuízo de uma modernização tecnológica e de uma inserção autônoma no processo de globalização econômica e política.

Por outro lado, a limitação do Estado-Nação para enfrentar as questões globais coloca hoje na pauta das relações políticas internacionais a delicada discussão da necessidade de criação de instituições internacionais, com mecanismos de controle efetivos, o que exigirá a relativização do conceito de soberania nacional. Todo o problema estará no equilíbrio entre a autonomia dos povos e nações e as novas instituições a serem criadas, mais cedo ou mais tarde, por exigência do processo de globalização.

As organizações da sociedade civil atuando no espaço público transnacional vêm propondo, nas reuniões interna-

130      LISZT VIEIRA

cionais, a superação da lógica econômica do mercado para incorporar a dimensão socioambiental, bem como a relativização do conceito de soberania nacional. Essas propostas enfatizam a noção de sustentabilidade baseada na diversidade cultural, na pluralidade política, na superação do "fundamentalismo mercantil" presente na visão liberal de competitividade econômica, no uso sustentável de recursos naturais.

A proposta de sustentabilidade é herdeira da noção de ecodesenvolvimento, que teve um curto período de vida útil. Baseava-se nas ideias de justiça social, eficiência econômica, condicionalidade ecológica e respeito à diversidade cultural.

A noção de desenvolvimento sustentável tornou-se famosa após haver sido adotada pelo Relatório Bruntland (ONU, 1987). Teve a vantagem de denunciar como inviáveis os atuais modelos de desenvolvimento, tanto no Norte como no Sul, pois ambos seguem padrões de crescimento econômico não-sustentáveis a longo prazo.

A discussão de um novo padrão se impõe até mesmo por razões de ordem ética: não se aceita que a geração atual, para sobreviver, destrua as condições de sobrevivência das gerações vindouras.* Como disse o Relatório da Comissão Bruntland na ONU, em 1987, todos nós neste planeta compartilhamos um futuro comum: morreremos ou sobreviveremos juntos.

O Relatório Bruntland, publicado no mundo inteiro com o nome de "Nosso Futuro Comum", apresenta o desenvolvimento sustentável como aquele que deve atender às necessidades do presente sem comprometer a possibilidade de atendê-las no futuro. Prevê a superação da pobreza e o respeito aos limites ecológicos, aliados a um aumento do crescimento econômico, como condição de possibilidade para se alcançar uma sustentabilidade global.

---

*Isto exigiria uma mudança de mentalidade e uma nova ética, o que levou alguns pensadores a propor uma "ecologia mental" (Guattari, 1990) e uma "ética ecológica" (Boff, 1995).

CIDADANIA E GLOBALIZAÇÃO                    131

O Relatório Bruntland tem sido muito criticado pelas ONGs dos países do Sul por apresentar uma visão a-histórica das necessidades humanas e ignorar as relações desiguais que impõem aos países em desenvolvimento os custos sociais e ambientais do crescimento dos países desenvolvidos. O crescimento nos países industrializados teria como contrapartida o aumento do impacto ambiental e da pobreza nos países subdesenvolvidos. Por isso, essas organizações costumam perguntar: Sustentabilidade de quê? Futuro comum de quem?

Não resta dúvida de que o conceito de desenvolvimento sustentável pode ser usado como instrumento para denunciar e tentar resolver os conflitos entre crescimento econômico, desigualdade social e conservação ambiental. Inegavelmente, porém, ele possui um lado ingênuo, ao ignorar a correlação de forças no plano internacional em favor dos países industrializados, as relações desiguais no comércio internacional, o poder das multinacionais etc.

É verdade também que, como divulgado pelo Relatório Bruntland, ele ignora as contradições internas nos países em desenvolvimento, onde elites locais mantêm o padrão atual de crescimento, predatório ecologicamente e injusto socialmente. Além disso, permeia o Relatório a crença nas forças de mercado para resolver os problemas ambientais (Redclift, 1987).

Por essas razões, muitos negam à noção de desenvolvimento sustentável o estatuto de conceito (Acselrad, 1992), enquanto outros propõem sua substituição pela noção de "sociedades sustentáveis" (Diegues, 1995).

O conceito de sociedades sustentáveis seria mais adequado, pois possibilita a cada sociedade definir seus padrões de produção e consumo, bem como seu nível de vida, a partir de sua cultura, de seu desenvolvimento histórico e de seu ambiente natural. Abandona-se o modelo insustentável das sociedades industrializadas em favor da possibilidade de existência de uma diversidade de sociedades sustentáveis, baseadas no princípio da sustentabilidade ecológica, econômica, social e política (Diegues, 1995).

# CONCLUSÃO

Apesar de ainda ser vista por alguns como mera ideologia, a globalização é um processo real, de caráter multifacetado e contraditório. Um dos maiores estudiosos do assunto, o Prof. Roland Robertson, da Universidade de Pittsburgh, nos EUA, definiu a globalização como "a concretização do mundo inteiro como um único lugar" e como o surgimento de uma condição humana global. A globalização como conceito "se refere tanto à compressão do mundo quanto à intensificação da consciência do mundo como um todo".

Alguns autores sofrem a tentação de ver a globalização como o resultado de um único processo ou fator particular, como a "ocidentalização", o "imperialismo" ou a "civilização". A globalização de modo algum significa homogeneização, devendo ser entendida mais propriamente como uma nova estrutura de diferenciação. Isto, contudo, não elimina, evidentemente, a possibilidade de processos ou patamares de homogeneização parcial, provocados sobretudo pela dominação cultural do Ocidente.

O pluralismo cultural, a heterogeneidade e a variedade num mundo cada vez mais globalizado é essencial à teoria da globalização, como insiste o Prof. Robertson. Ele destaca a necessidade de incluir os indivíduos, as sociedades nacionais, as relações entre as sociedades (relações internacionais) e a humanidade "como os principais componentes contemporâneos ou as dimensões da condição humana global".

Nessa perspectiva, o processo de globalização teria um impacto diferenciador que poderia levar à valorização das identidades particulares, da comunidade à nação. A diferenciação nacional, isto é, a diversidade cultural entre as nações, seria a outra face da constituição de uma sociedade mundial.

Um bom exemplo é o Japão, que se abriu às influências globais forjando um processo nacional próprio que incorpora muitos elementos de sua tradição cultural. É verdade, porém, que o relativo declínio no poder do Estado-Nação dificulta cada vez mais a elaboração de projetos nacionais autônomos.

Aliás, a preponderância da sociedade nacional no século XX é um aspecto da globalização compreendida como processo histórico. É comum depararmos com o equívoco de que são os Estados nacionais que formam o sistema mundial, baseado em relações econômicas e políticas internacionais. Tal é a concepção de "sistema mundial" de Immanuel Wallerstein, que desenvolveu, em vários livros, uma análise econômica do sistema mundial como "economia-mundo" capitalista.

Não é o poder do Estado que precede o aparecimento das relações econômicas e políticas internacionais. Ao contrário, para a grande maioria dos Estados do mundo, foi o sistema internacional que precedeu e tornou possível a sua existência. Assim, não é o Estado-Nação no comércio, na diplomacia ou na guerra que estabelece um sistema mundial, mas, ao contrário, é o sistema mundial que explica o comércio, a diplomacia ou a guerra entre os Estados.

A perspectiva das Relações Internacionais, com sua visão tradicional do mundo como relação entre nações, já não consegue explicar o sistema mundial que vem sendo plasmado no bojo do processo de globalização. Começa a surgir uma Sociologia da Globalização, ou Globologia, que confere grande importância a fenômenos culturais e à emergência de novos atores da sociedade civil com presença no sistema global.

Assim, ao lado de uma sociedade global, entendida como sociedade internacional, haveria hoje uma comunidade global emergente, entendida como comunidade planetária em processo de formação. Trata-se da emergente sociedade civil global, cujos atores muitas vezes têm mais poder de influência no cenário internacional do que a maioria das nações pobres do mundo.

Os representantes da sociedade civil global nas instâncias internacionais não têm se limitado a apontar as injustiças provocadas pela globalização econômica. As relações de dominação do poder político, as injustiças sociais, a violação dos direitos humanos, a degradação ambiental e a destruição cultural fazem parte da agenda de grande número de entidades da sociedade civil atuando nas instâncias e organismos internacionais.

Já houve quem profetizasse que a principal fonte de conflito no futuro não será mais de ordem ideológica ou econômica, mas sim de ordem cultural, na forma de choque de civilizações. Isto porque o relativo enfraquecimento do Estado nacional, fruto da globalização, e a integração dos mercados levam ao surgimento de outras fontes de identidade coletiva fora da ideia de nação.

Esta visão de choque de civilizações, desenvolvida pelo Prof. Samuel Huntington, coloca em segundo plano os aspectos econômicos dos conflitos, considerados hoje como predominantes, e ataca a concepção de um paradigma de mundo único onde a democracia ocidental constituiria uma civilização universal.

Segundo esta perspectiva, a interação das civilizações existentes — a ocidental, a chinesa, a japonesa, a islâmica, a hindu, a eslava, a latino-americana, a africana — é que moldará o mundo do século XXI. Os conflitos do futuro serão condicionados pelas linhas culturais que separam essas civilizações, principalmente pelo confronto entre o Ocidente e as civilizações não ocidentais.

Esta concepção não leva muito em conta os elementos de integração que acompanham o processo de globalização, mas tem o mérito de colocar no centro de debate os aspectos culturais e políticos, frequentemente desprezados pela análise econômica predominante, que muitas vezes concebe a globalização como fatalidade histórica.

Uma visão diferente foi apresentada no relatório "Lutando pela Sobrevivência", do Instituto Worldwatch, de Washington. O meio ambiente, e não diferenças étnicas, seria a verdadeira causa de muitas das guerras travadas no mundo atualmente. As divergências étnicas, segundo o relatório, ocultariam disputas mais profundas envolvendo recursos naturais básicos. Quando estes entram em colapso, as pessoas tendem a buscar proteção em suas identidades étnicas, religiosas ou outras. Entre as mais importantes causas potenciais de conflitos, figuram a escassez de água e o aquecimento global, que pode provocar inundações.

A tendência anárquica atual da globalização econômica não pode ser considerada, como querem muitos, uma fatalidade histórica. Ela não é historicamente inevitável. Contra ela, opõe-se a ação política das forças democráticas. Um bom exemplo, entre outros, é o Fórum Internacional sobre Globalização, uma aliança que, ao ser criada em janeiro de 1995, representava 40 organizações em 19 países. Sua Declaração de Princípios postula que a criação de uma ordem econômica internacional mais justa — baseada na democracia, na diversidade cultural e na sustentabilidade ecológica — exige novos acordos internacionais que coloquem as necessidades dos povos, das economias locais e do meio ambiente acima dos interesses das corporações multinacionais. E conclui afirmando que "é possível, necessário e, a longo prazo, muito mais viável buscar tais caminhos do que um sistema econômico globalizado condenado ao fracasso".

Sábias palavras, mas não nos cabe fazer nem analisar profecias. Nosso objetivo foi mostrar o que é a globalização, as suas várias dimensões — a econômica, a política, a social, a cultural, a ambiental — seus efeitos positivos, os riscos para o planeta e para a humanidade, seus impactos nas novas formas de Estado nacional, sociedade civil planetária e governança global. A leitura deste livro certamente forneceu ao leitor melhores instrumentos para enfrentar os desafios da globalização, a qual se constitui no grande enigma a ser decifrado neste fim de século.

# Referências Bibliográficas

ABREU, Haroldo. Globalização, Reestruturação e Crise dos Padrões de Regulação Sócio-Estatal. *Proposta*, nº 64. Rio, 1995.

ACSELRAD, Henri. Desenvolvimento Sustentável: a luta por um conceito. *Proposta*, nº 56. Rio, 1992.

ARATO, A., e COHEN, J. Sociedade Civil e Teoria Social. *Sociedade Civil e Democratização*. Ed. Del Rey. Belo Horizonte. 1994.

ARBEX JR, José & TOGNOLLI, Claudio J. *O Século do Crime*. Boitempo Editorial. São Paulo. 1996.

ARENDT, Hanna. *Crises da República*. São Paulo. Perspectiva. 1973.

ARRUDA Jr., E. (org.) *Lições de Direito Alternativo*. São Paulo. Editora Acadêmica. 1992.

AVRITZER, Leonardo. Além da Dicotomia Estado-Mercado. *Novos Estudos*, nº 36. São Paulo, 1993.

BAUDRILLARD, Jean. *Le Miroir de la Production*. Paris. Galillée. 1973.

BELL, Daniel. *The Cultural Contradictions of Capitalism*. Nova York. Basic Books. 1976.

BENEVIDES, Maria Vitória. Cidadania e Democracia. *Lua Nova*. Nº 33. 1994.

BOBBIO, Norberto. *A Era dos Direitos*. Rio de Janeiro. Editora Campus. 1992. *O Futuro da Democracia*. Rio de Janeiro. Editora Paz e Terra. 1986.

BOFF, Leonardo. *Ecologia, Grito da Terra Grito dos Pobres* — Ed. Ática — S. Paulo. 1995.

BRAUDEL, Fernand. *A Dinâmica do Capitalismo*. Editorial Teorema. Lisboa, 1986.

BRUNTLAND, G.H. *Nosso Futuro Comum*. ONU. Ed. Fundação Getúlio Vargas. Rio, 1988.

CALHOUN, Craig. Civil Society and the Public Sphere. *Public Culture*. 5: 267-280. Universidade de Chicago. 1993.

140       LISZT VIEIRA

CARVALHO, José Murilo. Entre a Liberdade dos Antigos e a dos Modernos: A República no Brasil. *Dados*. Vol. 32, nº 3. 1989.

CASTORIADIS, Cornelius.World Imbalance and the Revolutionary Force of Ecology. *Society and Nature*, vol. 2, nº 2. 1994.

CHAUÍ, Marilena. *Convite à Filosofia*. São Paulo. Editora Ática. 1995. *Cultura e Democracia*. São Paulo. Editora Moderna. 1984.

CHOSSUDOVSKY, Michel. A Globalização da Pobreza. *Proposta*, nº 64. Rio, 1995.

COHEN, J., e ARATO, A. *Civil Society and Political Theory*. MIT Press. Cambridge, 1992.

COSTA, Sergio. Esfera Pública, Redescoberta da Sociedade Civil e Movimentos Sociais no Brasil. *Novos Estudos*, nº 38. 1994.

CRANSTON, Maurice. Are There Any Human Rights? *Daedalus*. Journal of the American Academy of Arts and Sciences. Vol. 112, nº 4. 1983.

DABAT, Alejandro. Globalización Mundial y Alternativas de Desarrollo. *Nueva Sociedad*, nº 132. Caracas. 1994.

DAMATTA, Roberto. A questão da cidadania num universo relacional. *A casa & a rua*. Rio de Janeiro. Editora Guanabara. 1988.

DELEUZE, Gilles. Pourparlers. Paris. Les Editions de Minuit. 1990.

DIEGUES, Antônio C. Desenvolvimento Sustentável ou Sociedades Sustentáveis. *Ecologia Humana e Planejamento em Áreas Costeiras*. NUPAUB. São Paulo, 1995.

FALK, Richard. The World Order between Inter-State Law and the Law of Humanity: The Role of Civil Society Institutions. *Cosmopolitan Democracy. An Agenda for a New World Order*. Edited by D. Archibugi and D. Held. Polity Press. Cambridge, UK. 1995.

FARIA, J.E. *Direito e Justiça*. São Paulo. Editora Ática. 1989.

FERNANDES, Rubem Cesar. Elos de uma Cidadania Planetária. *Revista Brasileira de Ciências Sociais*, nº 28. 1995.

FERREIRA, Leila & VIOLA, Eduardo (orgs.). *Incertezas de Sustentabilidade na Globalização*. (Introdução e Capítulo I). Editora Unicamp. Campinas. 1996.

FOUCAULT, M. *Vigiar e Punir*. Petrópolis. Editora Vozes. 1986. *A Verdade e as Formas Jurídicas*. PUC-Rio. 1991.

FOY, E. & RÉGALLET, G. The Role of INGOs in Redefining International Cooperation and Development Structures. *Mimeo*. International Secretariat for Water/ Forum of INGOs based in Canada. Setembro 1995.

FRANCO, Augusto. O Papel Estratégico das ONGs. Instituto de Política. *Mimeo*. Brasília. 1994.

GIDDENS, Anthony. *The Consequences of Modernity*. Stanford University Press. 1990.

GUATTARI, Felix. *A Revolução Molecular*. São Paulo. Editora Brasiliense. 1987. *As Três Ecologias*. São Paulo. Papirus. 1990.

CIDADANIA E GLOBALIZAÇÃO 141

HABERMAS, Jurgen. *The Theory of Communicative Action*. Beacon Press. Boston, 1984. *O Discurso Filosófico da Modernidade*. Lisboa. Publicações Dom Quixote. 1990. O Estado-Nação europeu frente aos desafios da globalização. *Novos Estudos* nº 43. São Paulo, novembro de 1995.

HARVEY, David. *Condição Pós-Moderna*. Edições Loyola. São Paulo. 1994.

HEIN, Wolfgang. El fin del Estado-Nación y el Nuevo Orden Mundial. *Nueva Sociedad*, nº 132. Caracas, 1994.

HELD, David. A Democracia, o Estado-Nação e o Sistema Global. *Lua Nova*, nº 23. São Paulo, 1991.

HERMET, G. Des Concepts de la Citoyenneté dans la Tradition Occidentale. *Métamorphoses de la Représentation Politique au Brésil et en Europe*. Edit. Centre National de la Recherche Scientifique. Paris. 1991.

HERZOG *et al*. *Quelle Démocratie, Quelle Citoyenneté?* Les Éditions de l'Atelier. Paris. 1995.

IANNI, Otavio. *Teorias da Globalização*. Civilização Brasileira. Rio, 1995.

JAMESON, F.. Postmodernism or the Cultural Logic of Late Capitalism. *New Left Review*. Vol. 146. 1984.

KEANE, John. Despotism and Democracy. *Civil Society and the State*. Verso. Londres, 1988.

LAFER, Celso. *A Reconstrução dos Direitos Humanos*. São Paulo. Companhia das Letras. 1991.

LECA, Jean. Individualisme et Citoyenneté. *Sur l'Individualisme*. Paris. Presses de la Fondation Nationale des Sciences Politiques. 1986.

LEIS, Hector. De Rio-92 a Berlim-95: Os problemas globais da sociedade contemporânea. *Eco-Rio*, nº 22. Rio, 1995.

LYOTARD, J.F. *O Pós Moderno*. Rio de Janeiro. Editora José Olympio. 1992.

MARSHALL, T.H. *Cidadania, Classe Social e Status*. Rio de Janeiro. Zahar Editores. 1967.

MELLUCCI, A. Social Movements and the Democratization of Everyday Life. *Civil Society and the State*. Verso. Londres. 1988.

MONSERRAT FILHO, José. Globalização, interesse público e direito internacional. *Estudos Avançados*. IEA/USP, nº 25. São Paulo, 1995.

MORSE, R. *O Espelho de Próspero*. São Paulo. Companhia das Letras. 1988.

MUÇOUÇAH, Paulo S. Globalização, Regionalização e Fragmentação. *Proposta*, nº 64. Rio, 1995.

ORTIZ, Renato. *Mundialização e Cultura*. Ed. Brasiliense. São Paulo, 1994.

POLANYI, Karl. *A Grande Transformação*. Ed. Campus. 1990.

RATTNER, Henrique. Globalização: em direção a "um mundo só"? *Estudos Avançados*. IEA-USP, nº 25. São Paulo, 1995.

ROBERTSON, Roland. Mapeamento da condição global: globalização como conceito central. *Cultura Global. Nacionalismo, Globalização e Modernidade*. Mike Featherstone (org.) Ed.Vozes. 1994. *Globalization*. Sage. Londres, 1992.

ROCHE, Maurice. Citizenship, social theory, and social change. *Theory and Society*. Vol 16, n° 3. 1987.

ROGALSKY, Miguel. El auge de la fractura Norte-Sur. Es posible un gobierno global? *Nueva Sociedad*, n° 132. Caracas, 1994.

SANTOS, Boaventura S. *Toward a New Common Sense: Law, Science and Politics in the Paradigmatic Transition*. Routledge. Nova York, 1995.

SHILLS, Edward. The Virtue of Civil Society. *Government and Opposition*. Vol. 26, n° 1. 1991.

SOUZA, Herbert. As ONGs na década de 90. *Desenvolvimento, Cooperação Internacional e as ONGs*. IBASE-PNUD. Rio, 1992.

TAYLOR, Charles. Modes of Civil Society. *Public Culture*, vol. 3, n° 1. 1990.

TOURAINE, Alain. A desforra do mundo político. *Folha de S. Paulo*, 16/06/96, 5-11. O canto de sereia da globalização. *Folha de S. Paulo*, 14/07/96, 5-6.

TURNER, Bryan. Outline of a Theory of Citizenship. *Sociology*. The Journal of the British Sociological Association. Vol. 24. n° 2. 1990.

VIOLA, Eduardo, e LEIS, Hector. Desordem Global da Biosfera e Nova Ordem Internacional. *Ecologia e Política Mundial*. Rio de Janeiro. Ed. Vozes. 1991.

WALLERSTEIN, Immanuel. *The Modern World-System*, vol. III. Academic Press. Nova York. 1989.

WALTZER, Michael. The Civil Society Argument. *Dimensions of Radical Democracy*. Ed. Chantal Mousse. Verso. Londres, 1992.

WATERMAN, Peter. Global, civil, solidario. La complejización del nuevo mundo. *Nueva Sociedad*, n° 132. Caracas, 1984.

WEBER, Max. *Economia y Sociedad*. México. Ed. Fondo de Cultura Económica. 1964.

WOLFE, Alan. Três Caminhos para o Desenvolvimento: Mercado, Estado e Sociedade Civil. *Desenvolvimento, Cooperação Internacional e as ONGs*. IBASE-PNUD. Rio, 1992.

Este livro foi composto na tipologia
Latin 725 em corpo 11/13 e impresso em papel
Offset 75g/m² no Sistema Digital Instant Duplex
da Divisão Gráfica da Distribuidora Record.